BÚLGARO
VOCABULÁRIO

PALAVRAS MAIS ÚTEIS

PORTUGUÊS
BÚLGARO

Para alargar o seu léxico e apurar
as suas competências linguísticas

3000 palavras

Vocabulário Português-Búlgaro - 3000 palavras

Por Andrey Taranov

Os vocabulários da T&P Books destinam-se a ajudar a aprender, a memorizar, e a rever palavras estrangeiras. O dicionário é dividido em temas, cobrindo todas as principais esferas de atividades quotidianas, negócios, ciência, cultura, etc.

O processo de aprendizagem, utilizando os dicionários baseados em temáticas da T&P Books dá-lhe as seguintes vantagens:

- Informação de origem corretamente agrupada predetermina o sucesso em fases subsequentes da memorização de palavras
- Disponibilização de palavras derivadas da mesma raiz, o que permite a memorização de unidades de texto (em vez de palavras separadas)
- Pequenas unidades de palavras facilitam o processo de estabelecimento de vínculos associativos necessários para a consolidação do vocabulário
- O nível de conhecimento da língua pode ser estimado pelo número de palavras aprendidas

T&P Books Publishing
www.tpbooks.com

ISBN: 978-1-78400-946-5

Este livro também está disponível em formato E-book.
Por favor visite www.tpbooks.com ou as principais livrarias on-line.

VOCABULÁRIO BÚLGARO
palavras mais úteis

Os vocabulários da T&P Books destinam-se a ajudar a aprender, a memorizar, e a rever palavras estrangeiras. O vocabulário contém mais de 3000 palavras de uso comum organizadas tematicamente.

O vocabulário contém as palavras mais comummente usadas
Recomendado como adicional para qualquer curso de línguas
Satisfaz as necessidades dos iniciados e dos alunos avançados de línguas estrangeiras
Conveniente para o uso diário, sessões de revisão e atividades de auto-teste
Permite avaliar o seu vocabulário

Características especias do vocabulário

* As palavras estão organizadas de acordo com o seu significado, e não por ordem alfabética
* As palavras são apresentadas em três colunas para facilitar os processos de revisão e auto-teste
* As palavras compostas são divididas em pequenos blocos para facilitar o processo de aprendizagem
* O vocabulário oferece uma transcrição simples e adequada de cada palavra estrangeira

O vocabulário contém 101 tópicos incluindo:

Conceitos básicos, Números, Cores, Meses, Estações do ano, Unidades de medida, Roupas & Acessórios, Alimentos & Nutrição, Restaurante, Membros da Família, Parentes, Caráter, Sentimentos, Emoções, Doenças, Cidade, Passeios, Compras, Dinheiro, Casa, Lar, Escritório, Trabalho no Escritório, Importação & Exportação, Marketing, Pesquisa de Emprego, Desportos, Educação, Computador, Internet, Ferramentas, Natureza, Países, Nacionalidades e muito mais ...

TABELA DE CONTEÚDOS

GUIA DE PRONUNCIAÇÃO

Alfabeto fonético T&P	Exemplo Búlgaro	Exemplo Português
[a]	сладък [sládək]	chamar
[e]	череша [ʧeréʃa]	metal
[i]	килим [kilím]	sinónimo
[o]	отломка [otlómka]	lobo
[u]	улуча [ulúʧa]	bonita
[ə]	въже [vəʒé]	O xevá, som vocálico neutro
[ja], [ʲa]	вечеря [veʧérʲa]	Himalaias
[ʲu]	ключ [klʲuʧ]	nacional
[ʲo]	фризьор [frizʲór]	ioga
[ja], [ʲa]	история [istórija]	Himalaias
[b]	събота [sébota]	barril
[d]	пладне [pládne]	dentista
[f]	парфюм [parfʲúm]	safári
[g]	гараж [garáʒ]	gosto
[ʒ]	мрежа [mréʒa]	talvez
[j]	двубой [dvubój]	géiser
[h]	храбър [hrábər]	[h] aspirada
[k]	колело [koleló]	kiwi
[l]	паралел [paralél]	libra
[m]	мяукам [mʲaúkam]	magnólia
[n]	фонтан [fontán]	natureza
[p]	пушек [púʃek]	presente
[r]	крепост [krépost]	riscar
[s]	каса [kása]	sanita
[t]	тютюн [tʲutʲún]	tulipa
[v]	завивам [zavívam]	fava
[ʦ]	църква [tsérkva]	tsé-tsé
[ʃ]	шапка [ʃápka]	mês
[ʧ]	чорапи [ʧorápi]	Tchau!
[w]	уиски [wíski]	página web
[z]	зарзават [zarzavát]	sésamo

ABREVIATURAS
usadas no vocabulário

Abreviaturas do Português

adj	-	adjetivo
adv	-	advérbio
anim.	-	animado
conj.	-	conjunção
desp.	-	desporto
etc.	-	etecetra
ex.	-	por exemplo
f	-	nome feminino
f pl	-	feminino plural
fem.	-	feminino
inanim.	-	inanimado
m	-	nome masculino
m pl	-	masculino plural
m, f	-	masculino, feminino
masc.	-	masculino
mat.	-	matemática
mil.	-	militar
pl	-	plural
prep.	-	preposição
pron.	-	pronome
sb.	-	sobre
sing.	-	singular
v aux	-	verbo auxiliar
vi	-	verbo intransitivo
vi, vt	-	verbo intransitivo, transitivo
vr	-	verbo reflexivo
vt	-	verbo transitivo

Abreviaturas do Búlgaro

ж	-	nome feminino
ж мн	-	feminino plural
м	-	nome masculino
м мн	-	masculino plural
м, ж	-	masculino, feminino
мн	-	plural
с	-	neutro
с мн	-	neutro plural

CONCEITOS BÁSICOS

1. Pronomes

eu	аз	[az]
tu	ти	[ti]
ele	той	[toj]
ela	тя	[tʲa]
ele, ela (neutro)	то	[to]
nós	ние	[níe]
vocês	вие	[víe]
eles, elas	те	[te]

2. Cumprimentos. Saudações

Olá!	Здравей!	[zdravéj]
Bom dia! (formal)	Здравейте!	[zdravéjte]
Bom dia! (de manhã)	Добро утро!	[dobró útro]
Boa tarde!	Добър ден!	[dóbər den]
Boa noite!	Добър вечер!	[dóbər vétʃer]
cumprimentar (vt)	поздравявам	[pozdravʲávam]
Olá!	Здрасти!	[zdrásti]
saudação (f)	поздрав (m)	[pózdrav]
saudar (vt)	приветствувам	[privétstvuvam]
Como vai?	Как си?	[kak si]
O que há de novo?	Какво ново?	[kakvó nóvo]
Até à vista!	Довиждане!	[dovíʒdane]
Até breve!	До скора среща!	[do skóra sréʃta]
Adeus!	Сбогом!	[zbógom]
despedir-se (vr)	сбогувам се	[sbogúvam se]
Até logo!	До скоро!	[do skóro]
Obrigado! -a!	Благодаря!	[blagodarʲá]
Muito obrigado! -a!	Много благодаря!	[mnógo blagodarʲá]
De nada	Моля.	[mólʲa]
Não tem de quê	Няма нищо.	[nʲáma níʃto]
De nada	Няма за какво.	[nʲáma za kakvó]
Desculpa!	Извинявай!	[izvinʲávaj]
Desculpe!	Извинявайте!	[izvinʲávajte]
desculpar (vt)	извинявам	[izvinʲávam]
desculpar-se (vr)	извинявам се	[izvinʲávam se]
As minhas desculpas	Моите извинения.	[móite izvinénija]

| Desculpe! | Прощавайте! | [proʃtávajte] |
| por favor | моля | [mólʲa] |

Não se esqueça!	Не забравяйте!	[ne zabrávʲajte]
Certamente! Claro!	Разбира се!	[razbíra se]
Claro que não!	Разбира се, не!	[razbíra se ne]
Está bem! De acordo!	Съгласен!	[səglásen]
Basta!	Стига!	[stíga]

3. Questões

Quem?	Кой?	[koj]
Que?	Какво?	[kakvó]
Onde?	Къде?	[kədé]
Para onde?	Къде?	[kədé]
De onde?	Откъде?	[otkədé]

Quando?	Кога?	[kogá]
Para quê?	За какво?	[za kakvó]
Porquê?	Защо?	[zaʃtó]

Para quê?	За какво?	[za kakvó]
Como?	Как?	[kak]
Qual? (entre dois ou mais)	Кой?	[koj]

A quem?	На кого?	[na kogó]
Sobre quem?	За кого?	[za kogó]
Do quê?	За какво?	[za kakvó]
Com quem?	С кого?	[s kogó]

| Quanto, -os, -as? | Колко? | [kólko] |
| De quem? (masc.) | Чий? | [tʃij] |

4. Preposições

com (prep.)	с ...	[s]
sem (prep.)	без	[bez]
a, para (exprime lugar)	в, във	[v], [vəf]
sobre (ex. falar ~)	за	[za]

| antes de ... | преди | [predí] |
| diante de ... | пред ... | [pret] |

sob (debaixo de)	под	[pot]
sobre (em cima de)	над	[nat]
sobre (~ a mesa)	върху	[vərhú]

| de (vir ~ Lisboa) | от | [ot] |
| de (feito ~ pedra) | от | [ot] |

| dentro de (~ dez minutos) | след | [slet] |
| por cima de ... | през | [pres] |

5. Palavras funcionais. Advérbios. Parte 1

Onde?	Къде?	[kədé]
aqui	тук	[tuk]
lá, ali	там	[tam]
em algum lugar	някъде	[nʲákəde]
em lugar nenhum	никъде	[níkəde]
ao pé de ...	до ...	[do]
ao pé da janela	до прозореца	[do prozóretsa]
Para onde?	Къде?	[kədé]
para cá	тук	[tuk]
para lá	нататък	[natátək]
daqui	оттук	[ottúk]
de lá, dali	оттам	[ottám]
perto	близо	[blízo]
longe	далече	[dalétʃe]
perto de ...	до	[do]
ao lado de	редом	[rédom]
perto, não fica longe	недалече	[nedalétʃe]
esquerdo	ляв	[lʲav]
à esquerda	отляво	[otlʲávo]
para esquerda	вляво	[vlʲávo]
direito	десен	[désen]
à direita	отдясно	[otdʲásno]
para direita	вдясно	[vdʲásno]
à frente	отпред	[otprét]
da frente	преден	[préden]
em frente (para a frente)	напред	[naprét]
atrás de ...	отзад	[otzát]
por detrás (vir ~)	отзад	[otzát]
para trás	назад	[nazát]
meio (m), metade (f)	среда (ж)	[sredá]
no meio	по средата	[po sredáta]
de lado	встрани	[fstraní]
em todo lugar	навсякъде	[nafsʲákəde]
ao redor (olhar ~)	наоколо	[naókolo]
de dentro	отвътре	[otvétre]
para algum lugar	някъде	[nʲákəde]
diretamente	направо	[naprávo]
de volta	обратно	[obrátno]
de algum lugar	откъдето и да е	[otkədéto i da e]
de um lugar	отнякъде	[otnʲákəde]

em primeiro lugar	първо	[pérvo]
em segundo lugar	второ	[ftóro]
em terceiro lugar	трето	[tréto]

de repente	изведнъж	[izvednéʃ]
no início	в началото	[f natʃáloto]
pela primeira vez	за пръв път	[za prəv pét]
muito antes de …	много време преди …	[mnógo vréme predí]
de novo, novamente	наново	[nanóvo]
para sempre	завинаги	[zavínagi]

nunca	никога	[níkoga]
de novo	пак	[pak]
agora	сега	[segá]
frequentemente	често	[tʃésto]
então	тогава	[togáva]
urgentemente	срочно	[srótʃno]
usualmente	обикновено	[obiknovéno]

a propósito, …	между другото …	[méʒdu drúgoto]
é possível	възможно	[vəzmóʒno]
provavelmente	вероятно	[verojátno]
talvez	може би	[móʒe bi]
além disso, …	освен това, …	[osvén tová]
por isso …	затова	[zatová]
apesar de …	въпреки че …	[vépreki tʃe]
graças a …	благодарение на …	[blagodarénie na]

que (pron.)	какво	[kakvó]
que (conj.)	че	[tʃe]
algo	нещо	[néʃto]
alguma coisa	нещо	[néʃto]
nada	нищо	[níʃto]

quem	кой	[koj]
alguém (~ teve uma ideia …)	някой	[nʲákoj]
alguém	някой	[nʲákoj]

ninguém	никой	[níkoj]
para lugar nenhum	никъде	[níkəde]
de ninguém	ничий	[nítʃij]
de alguém	нечий	[nétʃij]

tão	така	[taká]
também (gostaria ~ de …)	също така	[séʃto taká]
também (~ eu)	също	[séʃto]

6. Palavras funcionais. Advérbios. Parte 2

Porquê?	Защо?	[zaʃtó]
por alguma razão	кой знае защо	[koj znáe zaʃtó]
porque …	защото …	[zaʃtóto]
por qualquer razão	кой знае защо	[koj znáe zaʃtó]
e (tu ~ eu)	и	[i]

ou (ser ~ não ser)	или	[ilí]
mas (porém)	но	[no]
para (~ a minha mãe)	за	[za]
demasiado, muito	прекалено	[prekaléno]
só, somente	само	[sámo]
exatamente	точно	[tótʃno]
cerca de (~ 10 kg)	около	[ókolo]
aproximadamente	приблизително	[priblizítelno]
aproximado	приблизителен	[priblizítelen]
quase	почти	[potʃtí]
resto (m)	остатък (м)	[ostátək]
o outro (segundo)	друг	[druk]
outro	друг	[druk]
cada	всеки	[fséki]
qualquer	всеки	[fséki]
muito	много	[mnógo]
muitas pessoas	много	[mnógo]
todos	всички	[fsítʃki]
em troca de …	в обмяна на …	[v obmʲána na]
em troca	в замяна	[v zamʲána]
à mão	ръчно	[rétʃno]
pouco provável	едва ли	[edvá li]
provavelmente	вероятно	[verojátno]
de propósito	специално	[spetsiálno]
por acidente	случайно	[slutʃájno]
muito	много	[mnógo]
por exemplo	например	[naprímer]
entre	между	[meʒdú]
entre (no meio de)	сред	[sret]
tanto	толкова	[tólkova]
especialmente	особено	[osóbeno]

NÚMEROS. DIVERSOS

7. Números cardinais. Parte 1

zero	нула (ж)	[núla]
um	едно	[ednó]
dois	две	[dve]
três	три	[tri]
quatro	четири	[ʧétiri]
cinco	пет	[pet]
seis	шест	[ʃest]
sete	седем	[sédem]
oito	осем	[ósem]
nove	девет	[dévet]
dez	десет	[déset]
onze	единадесет	[edinádeset]
doze	дванадесет	[dvanádeset]
treze	тринадесет	[trinádeset]
catorze	четиринадесет	[ʧetirinádeset]
quinze	петнадесет	[petnádeset]
dezasseis	шестнадесет	[ʃesnádeset]
dezassete	седемнадесет	[sedemnádeset]
dezoito	осемнадесет	[osemnádeset]
dezanove	деветнадесет	[devetnádeset]
vinte	двадесет	[dvádeset]
vinte e um	двадесет и едно	[dvádeset i ednó]
vinte e dois	двадесет и две	[dvádeset i dve]
vinte e três	двадесет и три	[dvádeset i tri]
trinta	тридесет	[trídeset]
trinta e um	тридесет и едно	[trídeset i ednó]
trinta e dois	тридесет и две	[trídeset i dve]
trinta e três	тридесет и три	[trídeset i tri]
quarenta	четиридесет	[ʧetírideset]
quarenta e um	четиридесет и едно	[ʧetírideset i ednó]
quarenta e dois	четиридесет и две	[ʧetírideset i dve]
quarenta e três	четиридесет и три	[ʧetírideset i tri]
cinquenta	петдесет	[petdesét]
cinquenta e um	петдесет и едно	[petdesét i ednó]
cinquenta e dois	петдесет и две	[petdesét i dve]
cinquenta e três	петдесет и три	[petdesét i tri]
sessenta	шестдесет	[ʃestdesét]
sessenta e um	шестдесет и едно	[ʃestdesét i ednó]

| sessenta e dois | шестдесет и две | [ʃestdesét i dve] |
| sessenta e três | шестдесет и три | [ʃestdesét i tri] |

setenta	седемдесет	[sedemdesét]
setenta e um	седемдесет и едно	[sedemdesét i ednó]
setenta e dois	седемдесет и две	[sedemdesét i dve]
setenta e três	седемдесет и три	[sedemdesét i tri]

oitenta	осемдесет	[osemdesét]
oitenta e um	осемдесет и едно	[osemdesét i ednó]
oitenta e dois	осемдесет и две	[osemdesét i dve]
oitenta e três	осемдесет и три	[osemdesét i tri]

noventa	деветдесет	[devetdesét]
noventa e um	деветдесет и едно	[devetdesét i ednó]
noventa e dois	деветдесет и две	[devetdesét i dve]
noventa e três	деветдесет и три	[devetdesét i tri]

8. Números cardinais. Parte 2

cem	сто	[sto]
duzentos	двеста	[dvésta]
trezentos	триста	[trísta]
quatrocentos	четиристотин	[tʃétiri·stótin]
quinhentos	петстотин	[pét·stótin]

seiscentos	шестстотин	[ʃést·stótin]
setecentos	седемстотин	[sédem·stótin]
oitocentos	осемстотин	[ósem·stótin]
novecentos	деветстотин	[dévet·stótin]

mil	хиляда (ж)	[hilʲáda]
dois mil	две хиляди	[dve hílʲadi]
De quem são ...?	три хиляди	[tri hílʲadi]
dez mil	десет хиляди	[déset hílʲadi]
cem mil	сто хиляди	[sto hílʲadi]
um milhão	милион (м)	[milión]
mil milhões	милиард (м)	[miliárt]

9. Números ordinais

primeiro	първи	[pérvi]
segundo	втори	[ftóri]
terceiro	трети	[tréti]
quarto	четвърти	[tʃetvérti]
quinto	пети	[péti]

sexto	шести	[ʃésti]
sétimo	седми	[sédmi]
oitavo	осми	[ósmi]
nono	девети	[devéti]
décimo	десети	[deséti]

CORES. UNIDADES DE MEDIDA

10. Cores

cor (f)	цвят (м)	[tsvʲat]
matiz (m)	оттенък (м)	[otténək]
tom (m)	тон (м)	[ton]
arco-íris (m)	небесна дъга (ж)	[nebésna dəgá]
branco	бял	[bʲal]
preto	черен	[ʧéren]
cinzento	сив	[siv]
verde	зелен	[zelén]
amarelo	жълт	[ʒəlt]
vermelho	червен	[ʧervén]
azul	син	[sin]
azul claro	небесносин	[nebesnosín]
rosa	розов	[rózov]
laranja	оранжев	[oránʒev]
violeta	виолетов	[violétov]
castanho	кафяв	[kafʲáv]
dourado	златен	[zláten]
prateado	сребрист	[srebríst]
bege	бежов	[béʒov]
creme	кремав	[krémaf]
turquesa	тюркоазен	[tʲurkoázen]
vermelho cereja	вишнев	[víʃnev]
lilás	лилав	[liláf]
carmesim	малинов	[malínov]
claro	светъл	[svétəl]
escuro	тъмен	[təmen]
vivo	ярък	[járək]
de cor	цветен	[tsvéten]
a cores	цветен	[tsvéten]
preto e branco	черно-бял	[ʧérno-bʲal]
unicolor	едноцветен	[edno·tsvéten]
multicor	многоцветен	[mnogo·tsvéten]

11. Unidades de medida

peso (m)	тегло (с)	[tegló]
comprimento (m)	дължина (ж)	[dəʒiná]

largura (f)	широчина (ж)	[ʃirotʃiná]
altura (f)	височина (ж)	[visotʃiná]
profundidade (f)	дълбочина (ж)	[dəlbotʃiná]
volume (m)	обем (м)	[obém]
área (f)	площ (ж)	[ploʃt]

grama (m)	грам (м)	[gram]
miligrama (m)	милиграм (м)	[miligrám]
quilograma (m)	килограм (м)	[kilográm]
tonelada (f)	тон (м)	[ton]
libra (453,6 gramas)	фунт (м)	[funt]
onça (f)	унция (ж)	[úntsija]

metro (m)	метър (м)	[métər]
milímetro (m)	милиметър (м)	[milimétər]
centímetro (m)	сантиметър (м)	[santimétər]
quilómetro (m)	километър (м)	[kilométər]
milha (f)	миля (ж)	[mílʲa]

polegada (f)	дюйм (м)	[dʲujm]
pé (304,74 mm)	фут (м)	[fut]
jarda (914,383 mm)	ярд (м)	[jart]

| metro (m) quadrado | квадратен метър (м) | [kvadráten métər] |
| hectare (m) | хектар (м) | [ħektár] |

litro (m)	литър (м)	[lítər]
grau (m)	градус (м)	[grádus]
volt (m)	волт (м)	[volt]
ampere (m)	ампер (м)	[ampér]
cavalo-vapor (m)	конска сила (ж)	[kónska síla]

quantidade (f)	количество (с)	[kolítʃestvo]
um pouco de ...	малко ...	[málko]
metade (f)	половина (ж)	[polovína]
dúzia (f)	дузина (ж)	[duzína]
peça (f)	брой (м)	[broj]

| dimensão (f) | размер (м) | [razmér] |
| escala (f) | мащаб (м) | [maʃtáp] |

mínimo	минимален	[minimálen]
menor, mais pequeno	най-малък	[naj-máløk]
médio	среден	[sréden]
máximo	максимален	[maksimálen]
maior, mais grande	най-голям	[naj-golʲám]

12. Recipientes

boião (m) de vidro	буркан (м)	[burkán]
lata (~ de cerveja)	тенекия (ж)	[tenekíja]
balde (m)	кофа (ж)	[kófa]
barril (m)	бъчва (ж)	[bétʃva]
bacia (~ de plástico)	леген (м)	[legén]

tanque (m)	резервоар (м)	[rezervoár]
cantil (m) de bolso	манерка (ж)	[manérka]
bidão (m) de gasolina	туба (ж)	[túba]
cisterna (f)	цистерна (ж)	[tsistérna]
caneca (f)	чаша (ж)	[ʧáʃa]
chávena (f)	чаша (ж)	[ʧáʃa]
pires (m)	чинийка (ж)	[ʧiníjka]
copo (m)	стакан (м)	[stakán]
taça (f) de vinho	чаша (ж) за вино	[ʧáʃa za víno]
panela, caçarola (f)	тенджера (ж)	[téndʒera]
garrafa (f)	бутилка (ж)	[butílka]
gargalo (m)	гърло (с) на бутилка	[gérlo na butílka]
jarro, garrafa (f)	гарафа (ж)	[garáfa]
jarro (m) de barro	кана (ж)	[kána]
recipiente (m)	съд (м)	[sət]
pote (m)	гърне (с)	[gərné]
vaso (m)	ваза (ж)	[váza]
frasco (~ de perfume)	шишенце (с)	[ʃiʃéntse]
frasquinho (ex. ~ de iodo)	шишенце (с)	[ʃiʃéntse]
tubo (~ de pasta dentífrica)	тубичка (ж)	[túbiʧka]
saca (ex. ~ de açúcar)	чувал (м)	[ʧuvál]
saco (~ de plástico)	плик (м)	[plik]
maço (m)	кутия (ж)	[kutíja]
caixa (~ de sapatos, etc.)	кутия (ж)	[kutíja]
caixa (~ de madeira)	щайга (ж)	[ʃtájga]
cesta (f)	кошница (ж)	[kóʃnitsa]

VERBOS PRINCIPAIS

13. Os verbos mais importantes. Parte 1

abrir (vt)	отварям	[otvárʲam]
acabar, terminar (vt)	приключвам	[priklʲútʃvam]
aconselhar (vt)	съветвам	[səvétvam]
adivinhar (vt)	отгатна	[otgátna]
advertir (vt)	предупреждавам	[preduprezdávam]
ajudar (vt)	помагам	[pomágam]
almoçar (vi)	обядвам	[obʲádvam]
alugar (~ um apartamento)	наемам	[naémam]
amar (vt)	обичам	[obítʃam]
ameaçar (vt)	заплашвам	[zapláʃvam]
anotar (escrever)	записвам	[zapísvam]
apanhar (vt)	ловя	[lovʲá]
apressar-se (vr)	бързам	[bérzam]
arrepender-se (vr)	съжалявам	[səzalʲávam]
assinar (vt)	подписвам	[potpísvam]
atirar, disparar (vi)	стрелям	[strélʲam]
brincar (vi)	шегувам се	[ʃegúvam se]
brincar, jogar (crianças)	играя	[igrája]
buscar (vt)	търся	[térsʲa]
caçar (vi)	ловувам	[lovúvam]
cair (vi)	падам	[pádam]
cavar (vt)	ровя	[róvʲa]
cessar (vt)	прекратявам	[prekratʲávam]
chamar (~ por socorro)	викам	[víkam]
chegar (vi)	пристигам	[pristígam]
chorar (vi)	плача	[plátʃa]
começar (vt)	започвам	[zapótʃvam]
comparar (vt)	сравнявам	[sravnʲávam]
compreender (vt)	разбирам	[razbíram]
concordar (vi)	съгласявам се	[səglasʲávam se]
confiar (vt)	доверявам	[doverʲávam]
confundir (equivocar-se)	обърквам	[obérkvam]
conhecer (vt)	познавам	[poznávam]
contar (fazer contas)	броя	[brojá]
contar com (esperar)	разчитам на ...	[rastʃítam na]
continuar (vt)	продължавам	[prodəlʒávam]
controlar (vt)	контролирам	[kontrolíram]
convidar (vt)	каня	[kánʲa]
correr (vi)	бягам	[bʲágam]

| criar (vt) | създам | [səzdám] |
| custar (vt) | струвам | [strúvam] |

14. Os verbos mais importantes. Parte 2

dar (vt)	давам	[dávam]
dar uma dica	намеквам	[namékvam]
decorar (enfeitar)	украсявам	[ukrasʲávam]
defender (vt)	защитавам	[zaʃtitávam]
deixar cair (vt)	изтървавам	[istərvávam]

descer (para baixo)	слизам	[slízam]
desculpar (vt)	извинявам	[izvinʲávam]
dirigir (~ uma empresa)	ръководя	[rəkovódʲa]
discutir (notícias, etc.)	обсъждам	[obséʒdam]
dizer (vt)	кажа	[káʒa]

duvidar (vt)	съмнявам се	[səmnʲávam se]
encontrar (achar)	намирам	[namíram]
enganar (vt)	лъжа	[léʒa]
entrar (na sala, etc.)	влизам	[vlízam]
enviar (uma carta)	изпращам	[ispráʃtam]

errar (equivocar-se)	греша	[greʃá]
escolher (vt)	избирам	[izbíram]
esconder (vt)	крия	[kríja]
escrever (vt)	пиша	[píʃa]
esperar (o autocarro, etc.)	чакам	[ʧákam]

esperar (ter esperança)	надявам се	[nadʲávam se]
esquecer (vt)	забравям	[zabrávʲam]
estudar (vt)	изучавам	[izuʧávam]
exigir (vt)	изисквам	[izískvam]
existir (vi)	съществувам	[səʃtestvúvam]

explicar (vt)	обяснявам	[obʲasnʲávam]
falar (vi)	говоря	[govórʲa]
faltar (clases, etc.)	пропускам	[propúskam]
fazer (vt)	правя	[právʲa]
ficar em silêncio	мълча	[məlʧá]
gabar-se, jactar-se (vr)	хваля се	[hválʲa se]

gostar (apreciar)	харесвам	[harésvam]
gritar (vi)	викам	[víkam]
guardar (cartas, etc.)	съхранявам	[səhranʲávam]

| informar (vt) | информирам | [informíram] |
| insistir (vi) | настоявам | [nastojávam] |

insultar (vt)	оскърбявам	[oskərbʲávam]
interessar-se (vr)	интересувам се	[interesúvam se]
ir (a pé)	вървя	[vərvʲá]
ir nadar	къпя се	[képʲa se]
jantar (vi)	вечерям	[veʧérʲam]

15. Os verbos mais importantes. Parte 3

ler (vt)	чета	[ʧeta]
libertar (cidade, etc.)	освобождавам	[osvoboʒdávam]
matar (vt)	убивам	[ubívam]
mencionar (vt)	споменавам	[spomenávam]
mostrar (vt)	показвам	[pokázvam]
mudar (modificar)	сменям	[sménʲam]
nadar (vi)	плувам	[plúvam]
negar-se a ...	отказвам се	[otkázvam se]
objetar (vt)	възразявам	[vəzrazʲávam]
ordenar (mil.)	заповядвам	[zapovʲádvam]
ouvir (vt)	чувам	[ʧúvam]
pagar (vt)	плащам	[pláʃtam]
parar (vi)	спирам се	[spíram se]
participar (vi)	участвам	[uʧástvam]
pedir (comida)	поръчвам	[poréʧvam]
pedir (um favor, etc.)	моля	[mólʲa]
pegar (tomar)	взимам	[vzímam]
pensar (vt)	мисля	[míslʲa]
perceber (ver)	забелязвам	[zabelʲázvam]
perdoar (vt)	прощавам	[proʃtávam]
perguntar (vt)	питам	[pítam]
permitir (vt)	разрешавам	[razreʃávam]
pertencer a ...	принадлежа ...	[prinadleʒá]
planear (vt)	планирам	[planíram]
possuir (vt)	владея	[vladéja]
preferir (vt)	предпочитам	[pretpoʧítam]
preparar (vt)	готвя	[gótvʲa]
prever (vt)	предвиждам	[predvíʒdam]
prometer (vt)	обещавам	[obeʃtávam]
pronunciar (vt)	произнасям	[proiznásʲam]
propor (vt)	предлагам	[predlágam]
punir (castigar)	наказвам	[nakázvam]

16. Os verbos mais importantes. Parte 4

quebrar (vt)	чупя	[ʧúpʲa]
queixar-se (vr)	оплаквам се	[oplákvam se]
querer (desejar)	искам	[ískam]
recomendar (vt)	съветвам	[səvétvam]
repetir (dizer outra vez)	повтарям	[poftárʲam]
repreender (vt)	ругая	[rugája]
reservar (~ um quarto)	резервирам	[rezervíram]
responder (vt)	отговарям	[otgovárʲam]
rezar, orar (vi)	моля се	[mólʲa se]

rir (vi)	смея се	[sméja se]
roubar (vt)	крада	[kradá]
saber (vt)	знам	[znam]
sair (~ de casa)	излизам	[izlízam]
salvar (vt)	спасявам	[spasʲávam]
seguir ...	вървя след ...	[varvʲá slet]
sentar-se (vr)	сядам	[sʲádam]
ser necessário	трябвам	[trʲábvam]
ser, estar	съм, бъда	[səm], [béda]
significar (vt)	означавам	[oznatʃávam]
sorrir (vi)	усмихвам се	[usmíhvam se]
subestimar (vt)	недооценявам	[nedootsenʲávam]
surpreender-se (vr)	удивлявам се	[udivlʲávam se]
tentar (vt)	опитвам се	[opítvam se]
ter (vt)	имам	[ímam]
ter fome	искам да ям	[ískam da jam]
ter medo	страхувам се	[strahúvam se]
ter sede	искам да пия	[ískam da píja]
tocar (com as mãos)	пипам	[pípam]
tomar o pequeno-almoço	закусвам	[zakúsvam]
trabalhar (vi)	работя	[rabótʲa]
traduzir (vt)	превеждам	[prevéʒdam]
unir (vt)	обединявам	[obedinʲávam]
vender (vt)	продавам	[prodávam]
ver (vt)	виждам	[víʒdam]
virar (ex. ~ à direita)	завивам	[zavívam]
voar (vi)	летя	[letʲá]

TEMPO. CALENDÁRIO

17. Dias da semana

segunda-feira (f)	понеделник (м)	[ponedélnik]
terça-feira (f)	вторник (м)	[ftórnik]
quarta-feira (f)	сряда (ж)	[srˈáda]
quinta-feira (f)	четвъртък (м)	[ʧetvértək]
sexta-feira (f)	петък (м)	[pétək]
sábado (m)	събота (ж)	[sébota]
domingo (m)	неделя (ж)	[nedélˈa]
hoje	днес	[dnes]
amanhã	утре	[útre]
depois de amanhã	вдругиден	[vdrugidén]
ontem	вчера	[vʧéra]
anteontem	завчера	[závʧera]
dia (m)	ден (м)	[den]
dia (m) de trabalho	работен ден (м)	[rabóten den]
feriado (m)	празничен ден (м)	[prázniʧen den]
dia (m) de folga	почивен ден (м)	[poʧíven dén]
fim (m) de semana	почивни дни (м мн)	[poʧívni dni]
o dia todo	цял ден	[tsˈal den]
no dia seguinte	на следващия ден	[na slédvaʃtija den]
há dois dias	преди два дена	[predí dva déna]
na véspera	в навечерието	[v naveʧérieto]
diário	всекидневен	[fsekidnéven]
todos os dias	всекидневно	[fsekidnévno]
semana (f)	седмица (ж)	[sédmitsa]
na semana passada	през миналата седмица	[pres mínalata sédmitsa]
na próxima semana	през следващата седмица	[pres slédvaʃtata sédmitsa]
semanal	седмичен	[sédmiʧen]
cada semana	седмично	[sédmiʧno]
duas vezes por semana	два пъти на седмица	[dva pətí na sédmitsa]
cada terça-feira	всеки вторник	[fséki ftórnik]

18. Horas. Dia e noite

manhã (f)	сутрин (ж)	[sútrin]
de manhã	сутринта	[sutrintá]
meio-dia (m)	пладне (с)	[pládne]
à tarde	следобед	[sledóbet]
noite (f)	вечер (ж)	[vétʃer]
à noite (noitinha)	вечер	[vétʃer]

noite (f)	нощ (ж)	[noʃt]
à noite	нощем	[nóʃtem]
meia-noite (f)	полунощ (ж)	[polunóʃt]

segundo (m)	секунда (ж)	[sekúnda]
minuto (m)	минута (ж)	[minúta]
hora (f)	час (м)	[ʧas]
meia hora (f)	половин час (м)	[polovín ʧas]
quarto (m) de hora	четвърт (ж) час	[ʧétvərt ʧas]
quinze minutos	петнадесет минути	[petnádeset minúti]
vinte e quatro horas	денонощие (с)	[denonóʃtie]

nascer (m) do sol	изгрев слънце (с)	[ízgrev sléntsə]
amanhecer (m)	разсъмване (с)	[rassémvane]
madrugada (f)	ранна сутрин (ж)	[ránna sútrin]
pôr do sol (m)	залез (м)	[zález]

de madrugada	рано сутрин	[ráno sútrin]
hoje de manhã	тази сутрин	[tázi sútrin]
amanhã de manhã	утре сутрин	[útre sútrin]

hoje à tarde	днес през деня	[dnes pres denʲá]
à tarde	следобед	[sledóbet]
amanhã à tarde	утре следобед	[útre sledóbet]

hoje à noite	довечера	[dovéʧera]
amanhã à noite	утре вечер	[útre véʧer]

às três horas em ponto	точно в три часа	[tóʧno v tri ʧasá]
por volta das quatro	около четири часа	[ókolo ʧétiri ʧasá]
às doze	към дванадесет часа	[kəm dvanádeset ʧasá]

dentro de vinte minutos	след двадесет минути	[slet dvádeset minúti]
dentro duma hora	след един час	[slet edín ʧas]
a tempo	навреме	[navréme]

menos um quarto	без четвърт …	[bes ʧétvərt]
durante uma hora	в течение на един час	[v teʧénie na edín ʧas]
a cada quinze minutos	на всеки петнадесет минути	[na fséki petnádeset minúti]
as vinte e quatro horas	цяло денонощие	[tsʲálo denonóʃtie]

19. Meses. Estações

janeiro (m)	януари (м)	[januári]
fevereiro (m)	февруари (м)	[fevruári]
março (m)	март (м)	[mart]
abril (m)	април (м)	[apríl]
maio (m)	май (м)	[maj]
junho (m)	юни (м)	[júni]

julho (m)	юли (м)	[júli]
agosto (m)	август (м)	[ávgust]
setembro (m)	септември (м)	[septémvri]

outubro (m)	октомври (м)	[októmvri]
novembro (m)	ноември (м)	[noémvri]
dezembro (m)	декември (м)	[dekémvri]
primavera (f)	пролет (ж)	[prólet]
na primavera	през пролетта	[prez prolettá]
primaveril	пролетен	[próleten]
verão (m)	лято (с)	[lʲáto]
no verão	през лятото	[prez lʲátoto]
de verão	летен	[léten]
outono (m)	есен (ж)	[ésen]
no outono	през есента	[prez esentá]
outonal	есенен	[ésenen]
inverno (m)	зима (ж)	[zíma]
no inverno	през зимата	[prez zímata]
de inverno	зимен	[zímen]
mês (m)	месец (м)	[mésets]
este mês	през този месец	[pres tózi mésets]
no próximo mês	през следващия месец	[prez slédvaʃtija mésets]
no mês passado	през миналия месец	[prez mínalija mésets]
há um mês	преди един месец	[predí edín mésets]
dentro de um mês	след един месец	[slet edín mésets]
dentro de dois meses	след два месеца	[slet dva mésetsa]
todo o mês	цял месец	[tsʲal mésets]
um mês inteiro	цял месец	[tsʲal mésets]
mensal	месечен	[mésetʃen]
mensalmente	месечно	[mésetʃno]
cada mês	всеки месец	[fséki mésets]
duas vezes por mês	два пъти на месец	[dva péti na mésets]
ano (m)	година (ж)	[godína]
este ano	тази година	[tázi godína]
no próximo ano	през следващата година	[prez slédvaʃtata godína]
no ano passado	през миналата година	[prez mínalata godína]
há um ano	преди една година	[predí edná godína]
dentro dum ano	след една година	[slet edná godína]
dentro de 2 anos	след две години	[slet dve godíni]
todo o ano	цяла година	[tsʲála godína]
um ano inteiro	цяла година	[tsʲála godína]
cada ano	всяка година	[fsʲáka godína]
anual	ежегоден	[eʒegóden]
anualmente	ежегодно	[eʒegódno]
quatro vezes por ano	четири пъти годишно	[tʃétiri péti godíʃno]
data (~ de hoje)	число (с)	[tʃisló]
data (ex. ~ de nascimento)	дата (ж)	[dáta]
calendário (m)	календар (м)	[kalendár]
meio ano	половин година	[polovín godína]

seis meses	полугодие (c)	[polugódie]
estação (f)	сезон (м)	[sezón]
século (m)	век (м)	[vek]

VIAGENS. HOTEL

20. Viagens

turismo (m)	туризъм (м)	[turízəm]
turista (m)	турист (м)	[turíst]
viagem (f)	пътешествие (с)	[pəteʃéstvie]
aventura (f)	приключение (с)	[priklʲutʃénie]
viagem (f)	пътуване (с)	[pətúvane]
férias (f pl)	отпуска (ж)	[ótpuska]
estar de férias	бъда в отпуска	[béda v ótpuska]
descanso (m)	почивка (ж)	[potʃífka]
comboio (m)	влак (м)	[vlak]
de comboio (chegar ~)	с влак	[s vlak]
avião (m)	самолет (м)	[samolét]
de avião	със самолет	[səs samolét]
de carro	с кола	[s kolá]
de navio	с кораб	[s kórap]
bagagem (f)	багаж (м)	[bagáʃ]
mala (f)	куфар (м)	[kúfar]
carrinho (m)	количка (ж) за багаж	[kolítʃka za bagáʃ]
passaporte (m)	паспорт (м)	[paspórt]
visto (m)	виза (ж)	[víza]
bilhete (m)	билет (м)	[bilét]
bilhete (m) de avião	самолетен билет (м)	[samoléten bilét]
guia (m) de viagem	пътеводител (м)	[pətevodítel]
mapa (m)	карта (ж)	[kárta]
local (m), area (f)	местност (ж)	[méstnost]
lugar, sítio (m)	място (с)	[mʲásto]
exotismo (m)	екзотика (ж)	[ekzótika]
exótico	екзотичен	[ekzotítʃen]
surpreendente	удивителен	[udivítelen]
grupo (m)	група (ж)	[grúpa]
excursão (f)	екскурзия (ж)	[ekskúrzija]
guia (m)	гид (м)	[git]

21. Hotel

hotel (m)	хотел (м)	[hotél]
motel (m)	мотел (м)	[motél]
três estrelas	три звезди	[tri zvezdí]

| cinco estrelas | пет звезди | [pet zvezdí] |
| ficar (~ num hotel) | отсядам | [otsʲádam] |

quarto (m)	стая (ж) в хотел	[stája f hotél]
quarto (m) individual	единична стая (ж)	[edinítʃna stája]
quarto (m) duplo	двойна стая (ж)	[dvójna stája]
reservar um quarto	резервирам стая	[rezervíram stája]

| meia pensão (f) | полупансион (м) | [polupansión] |
| pensão (f) completa | пълен пансион (м) | [pélen pansión] |

com banheira	с баня	[s bánʲa]
com duche	с душ	[s duʃ]
televisão (m) satélite	сателитна телевизия (ж)	[satelítna televízija]
ar (m) condicionado	климатик (м)	[klimatík]
toalha (f)	кърпа (ж)	[kérpa]
chave (f)	ключ (м)	[klʲutʃ]

administrador (m)	администратор (м)	[administrátor]
camareira (f)	камериерка (ж)	[kameriérka]
bagageiro (m)	носач (м)	[nosátʃ]
porteiro (m)	портиер (м)	[portiér]

restaurante (m)	ресторант (м)	[restoránt]
bar (m)	бар (м)	[bar]
pequeno-almoço (m)	закуска (ж)	[zakúska]
jantar (m)	вечеря (ж)	[vetʃérʲa]
buffet (m)	шведска маса (ж)	[ʃvétska mása]

| hall (m) de entrada | вестибюл (м) | [vestibʲúl] |
| elevador (m) | асансьор (м) | [asansʲór] |

| NÃO PERTURBE | НЕ МЕ БЕЗПОКОЙТЕ! | [ne me bespokójte] |
| PROIBIDO FUMAR! | ПУШЕНЕТО ЗАБРАНЕНО! | [puʃenéto zabráneno] |

22. Turismo

monumento (m)	паметник (м)	[pámetnik]
fortaleza (f)	крепост (ж)	[krépost]
palácio (m)	дворец (м)	[dvoréts]
castelo (m)	замък (м)	[záмək]
torre (f)	кула (ж)	[kúla]
mausoléu (m)	мавзолей (м)	[mavzoléj]

arquitetura (f)	архитектура (ж)	[arhitektúra]
medieval	средновековен	[srednovekóven]
antigo	старинен	[starínen]
nacional	национален	[natsionálen]
conhecido	известен	[izvésten]

turista (m)	турист (м)	[turíst]
guia (pessoa)	гид (м)	[git]
excursão (f)	екскурзия (ж)	[ekskúrzija]
mostrar (vt)	показвам	[pokázvam]

contar (vt)	разказвам	[raskázvam]
encontrar (vt)	намеря	[naméria]
perder-se (vr)	загубя се	[zagúbia se]
mapa (~ do metrô)	схема (ж)	[shéma]
mapa (~ da cidade)	план (м)	[plan]
lembrança (f), presente (m)	сувенир (м)	[suvenír]
loja (f) de presentes	сувенирен магазин (м)	[suveníren magazín]
fotografar (vt)	снимам	[snímam]
fotografar-se	снимам се	[snímam se]

TRANSPORTES

23. Aeroporto

aeroporto (m)	летище (c)	[letíʃte]
avião (m)	самолет (м)	[samolét]
companhia (f) aérea	авиокомпания (ж)	[aviokompánija]
controlador (m) de tráfego aéreo	авиодиспечер (м)	[aviodispétʃer]
partida (f)	излитане (c)	[izlítane]
chegada (f)	кацане (c)	[kátsane]
chegar (~ de avião)	кацна	[kátsna]
hora (f) de partida	време (c) на излитане	[vréme na izlítane]
hora (f) de chegada	време (c) на кацане	[vréme na kátsane]
estar atrasado	закъснявам	[zakəsnʲávam]
atraso (m) de voo	закъснение (c) на излитане	[zakəsnénie na izlítane]
painel (m) de informação	информационно табло (c)	[informatsiónno tabló]
informação (f)	информация (ж)	[informátsija]
anunciar (vt)	обявявам	[obʲavʲávam]
voo (m)	рейс (м)	[rejs]
alfândega (f)	митница (ж)	[mítnitsa]
funcionário (m) da alfândega	митничар (м)	[mitnitʃár]
declaração (f) alfandegária	декларация (ж)	[deklarátsija]
preencher (vt)	попълня	[popélnʲa]
preencher a declaração	попълня декларация	[popélnʲa deklarátsija]
controlo (m) de passaportes	паспортен контрол (м)	[paspórten kontról]
bagagem (f)	багаж (м)	[bagáʃ]
bagagem (f) de mão	ръчен багаж (м)	[rétʃen bagáʃ]
carrinho (m)	количка (ж)	[kolítʃka]
aterragem (f)	кацане (c)	[kátsane]
pista (f) de aterragem	писта (ж) за кацане	[písta za kátsane]
aterrar (vi)	кацам	[kátsam]
escada (f) de avião	стълба (ж)	[stélba]
check-in (m)	регистрация (ж)	[registrátsija]
balcão (m) do check-in	гише (c) за регистрация	[giʃé za registrátsija]
fazer o check-in	регистрирам се	[registríram se]
cartão (m) de embarque	бордна карта (ж)	[bórdna kárta]
porta (f) de embarque	излизане (c)	[izlízane]
trânsito (m)	транзит (м)	[tranzít]
esperar (vi, vt)	чакам	[tʃákam]

sala (f) de espera	чакалня (ж)	[tʃakálnʲa]
despedir-se de ...	изпращам	[ispráʃtam]
despedir-se (vr)	сбогувам се	[sbogúvam se]

24. Avião

avião (m)	самолет (м)	[samolét]
bilhete (m) de avião	самолетен билет (м)	[samoléten bilét]
companhia (f) aérea	авиокомпания (ж)	[aviokompánija]
aeroporto (m)	летище (с)	[letíʃte]
supersónico	свръхзвуков	[svrəh·zvúkov]

comandante (m) do avião	командир (м) на самолет	[komandír na samolét]
tripulação (f)	екипаж (м)	[ekipáʒ]
piloto (m)	пилот (м)	[pilót]
hospedeira (f) de bordo	стюардеса (ж)	[stʲuardésa]
copiloto (m)	щурман (м)	[ʃtúrman]

asas (f pl)	крила (мн)	[krilá]
cauda (f)	опашка (ж)	[opáʃka]
cabine (f) de pilotagem	кабина (ж)	[kabína]
motor (m)	двигател (м)	[dvigátel]

| trem (m) de aterragem | шаси (мн) | [ʃasí] |
| turbina (f) | турбина (ж) | [turbína] |

| hélice (f) | перка (ж) | [pérka] |
| caixa-preta (f) | черна кутия (ж) | [tʃérna kutíja] |

| coluna (f) de controlo | кормило (с) | [kormílo] |
| combustível (m) | гориво (с) | [gorívo] |

instruções (f pl) de segurança	инструкция (ж)	[instrúktsija]
máscara (f) de oxigénio	кислородна маска (ж)	[kisloródna máska]
uniforme (m)	униформа (ж)	[unifórma]

| colete (m) salva-vidas | спасителна жилетка (ж) | [spasítelna ʒilétka] |
| paraquedas (m) | парашут (м) | [paraʃút] |

descolagem (f)	излитане (с)	[izlítane]
descolar (vi)	излитам	[izlítam]
pista (f) de descolagem	писта (ж) за излитане	[písta za izlítane]

| visibilidade (f) | видимост (ж) | [vídimost] |
| voo (m) | полет (м) | [pólet] |

| altura (f) | височина (ж) | [visotʃiná] |
| poço (m) de ar | въздушна яма (ж) | [vəzdúʃna jáma] |

assento (m)	място (с)	[mʲásto]
auscultadores (m pl)	слушалки (ж мн)	[sluʃálki]
mesa (f) rebatível	прибираща се масичка (ж)	[pribíraʃta se másitʃka]
vigia (f)	илюминатор (м)	[ilʲuminátor]
passagem (f)	проход (м)	[próhot]

25. Comboio

comboio (m)	влак (м)	[vlak]
comboio (m) suburbano	електрически влак (м)	[elektrítʃeski vlak]
comboio (m) rápido	бърз влак (м)	[bérz vlak]
locomotiva (f) diesel	дизелов локомотив (м)	[dízelof lokomotíf]
locomotiva (f) a vapor	парен локомотив (м)	[páren lokomotíf]
carruagem (f)	вагон (м)	[vagón]
carruagem restaurante (f)	вагон-ресторант (м)	[vagón-restoránt]
carris (m pl)	релси (ж мн)	[rélsi]
caminho de ferro (m)	железница (ж)	[ʒeléznitsa]
travessa (f)	траверса (ж)	[travérsa]
plataforma (f)	платформа (ж)	[platfórma]
linha (f)	коловоз (м)	[kolovós]
semáforo (m)	семафор (м)	[semafór]
estação (f)	гара (ж)	[gára]
maquinista (m)	машинист (м)	[maʃiníst]
bagageiro (m)	носач (м)	[nosátʃ]
hospedeiro, -a (da carruagem)	стюард (м)	[stʲuárt]
passageiro (m)	пътник (м)	[pétnik]
revisor (m)	контрольор (м)	[kontrolʲór]
corredor (m)	коридор (м)	[koridór]
freio (m) de emergência	аварийна спирачка (ж)	[avaríjna spirátʃka]
compartimento (m)	купе (с)	[kupé]
cama (f)	легло (с)	[legló]
cama (f) de cima	горно легло (с)	[górno legló]
cama (f) de baixo	долно легло (с)	[dólno legló]
roupa (f) de cama	спално бельо (с)	[spálno belʲó]
bilhete (m)	билет (м)	[bilét]
horário (m)	разписание (с)	[raspisánie]
painel (m) de informação	табло (с)	[tabló]
partir (vt)	заминавам	[zaminávam]
partida (f)	заминаване (с)	[zaminávane]
chegar (vi)	пристигам	[pristígam]
chegada (f)	пристигане (с)	[pristígane]
chegar de comboio	пристигна с влак	[pristígna s vlak]
apanhar o comboio	качвам се във влак	[kátʃvam se vef vlak]
sair do comboio	слизам от влак	[slízam ot vlak]
acidente (m) ferroviário	катастрофа (ж)	[katastrófa]
descarrilar (vi)	дерайлирам	[derajlíram]
locomotiva (f) a vapor	парен локомотив (м)	[páren lokomotíf]
fogueiro (m)	огняр (м)	[ognʲár]
fornalha (f)	пещ (м) на локомотив	[peʃt na lokomotíf]
carvão (m)	въглища (ж)	[végliʃta]

26. Barco

navio (m)	кораб (м)	[kórap]
embarcação (f)	плавателен съд (м)	[plavátelen sət]
vapor (m)	параход (м)	[parahót]
navio (m)	моторен кораб (м)	[motóren kórap]
transatlântico (m)	рейсов кораб (м)	[réjsov kórap]
cruzador (m)	крайцер (м)	[krájtser]
iate (m)	яхта (ж)	[jáhta]
rebocador (m)	влекач (м)	[vlekátʃ]
barcaça (f)	шлеп (м)	[ʃlep]
ferry (m)	сал (м)	[sal]
veleiro (m)	платноходка (ж)	[platnohótka]
bergantim (m)	бригантина (ж)	[brigantína]
quebra-gelo (m)	ледоразбивач (м)	[ledo·razbivátʃ]
submarino (m)	подводница (ж)	[podvódnitsa]
bote, barco (m)	лодка (ж)	[lótka]
bote, dingue (m)	лодка (ж)	[lótka]
bote (m) salva-vidas	спасителна лодка (ж)	[spasítelna lótka]
lancha (f)	катер (м)	[káter]
capitão (m)	капитан (м)	[kapitán]
marinheiro (m)	матрос (м)	[matrós]
marujo (m)	моряк (м)	[morʲák]
tripulação (f)	екипаж (м)	[ekipáʒ]
contramestre (m)	боцман (м)	[bótsman]
grumete (m)	юнга (м)	[júnga]
cozinheiro (m) de bordo	корабен готвач (м)	[kóraben gotvátʃ]
médico (m) de bordo	корабен лекар (м)	[kóraben lékar]
convés (m)	палуба (ж)	[páluba]
mastro (m)	мачта (ж)	[mátʃta]
vela (f)	корабно платно (с)	[kórabno platnó]
porão (m)	трюм (м)	[trʲum]
proa (f)	нос (м)	[nos]
popa (f)	кърма (ж)	[kərmá]
remo (m)	гребло (с)	[grebló]
hélice (f)	витло (с)	[vitló]
camarote (m)	каюта (ж)	[kajúta]
sala (f) dos oficiais	каюткомпания (ж)	[kajut kompánija]
sala (f) das máquinas	машинно отделение (с)	[maʃínno otdelénie]
ponte (m) de comando	капитански мостик (м)	[kapitánski móstik]
sala (f) de comunicações	радиобудка (ж)	[rádiobútka]
onda (f) de rádio	вълна (ж)	[vəlná]
diário (m) de bordo	корабен дневник (м)	[kóraben dnévnik]
luneta (f)	далекоглед (м)	[dalekoglét]
sino (m)	камбана (ж)	[kambána]

bandeira (f)	знаме (c)	[známe]
cabo (m)	дебело въже (c)	[debélo vəʒé]
nó (m)	възел (м)	[vǝzel]

| corrimão (m) | дръжка (ж) | [dréʃka] |
| prancha (f) de embarque | трап (м) | [trap] |

âncora (f)	котва (ж)	[kótva]
recolher a âncora	вдигна котва	[vdígna kótva]
lançar a âncora	хвърля котва	[hvérl'a kótva]
amarra (f)	котвена верига (ж)	[kótvena veríga]

porto (m)	пристанище (c)	[pristániʃte]
cais, amarradouro (m)	кей (м)	[kej]
atracar (vi)	акостирам	[akostíram]
desatracar (vi)	отплувам	[otplúvam]

viagem (f)	пътешествие (c)	[pǝteʃéstvie]
cruzeiro (m)	морско пътешествие (c)	[mórsko pǝteʃéstvie]
rumo (m), rota (f)	курс (м)	[kurs]
itinerário (m)	маршрут (м)	[marʃrút]

canal (m) navegável	фарватер (м)	[farváter]
banco (m) de areia	плитчина (ж)	[plittʃiná]
encalhar (vt)	заседна на плитчина	[zasédna na plittʃiná]

tempestade (f)	буря (ж)	[búr'a]
sinal (m)	сигнал (м)	[signál]
afundar-se (vr)	потъвам	[potévam]
SOS	SOS	[sos]
boia (f) salva-vidas	спасителен пояс (м)	[spasítilen pójas]

CIDADE

27. Transportes urbanos

autocarro (m)	автобус (м)	[aftobús]
elétrico (m)	трамвай (м)	[tramváj]
troleicarro (m)	тролей (м)	[troléj]
itinerário (m)	маршрут (м)	[marʃrút]
número (m)	номер (м)	[nómer]
ir de ... (carro, etc.)	пътувам с ...	[pətúvam s]
entrar (~ no autocarro)	качвам се в ...	[kátʃvam se v]
descer de ...	сляза от ...	[slʲáza ot]
paragem (f)	спирка (ж)	[spírka]
próxima paragem (f)	следваща спирка (ж)	[slédvaʃta spírka]
ponto (m) final	последна спирка (ж)	[poslédna spírka]
horário (m)	разписание (с)	[raspisánie]
esperar (vt)	чакам	[tʃákam]
bilhete (m)	билет (м)	[bilét]
custo (m) do bilhete	цена (ж) на билета	[tsená na biléta]
bilheteiro (m)	касиер (м)	[kasiér]
controlo (m) dos bilhetes	контрола (ж)	[kontróla]
revisor (m)	контрольор (м)	[kontrolʲór]
atrasar-se (vr)	закъснявам	[zakəsnʲávam]
perder (o autocarro, etc.)	закъснея за ...	[zakəsnéja za]
estar com pressa	бързам	[bérzam]
táxi (m)	такси (с)	[taksí]
taxista (m)	таксиметров шофьор (м)	[taksimétrof ʃofʲór]
de táxi (ir ~)	с такси	[s taksí]
praça (f) de táxis	пиаца (ж) на такси	[piátsa na taksí]
chamar um táxi	извикам такси	[izvíkam taksí]
apanhar um táxi	взема такси	[vzéma taksí]
tráfego (m)	улично движение (с)	[úlitʃno dviʒénie]
engarrafamento (m)	задръстване (с)	[zadréstvane]
horas (f pl) de ponta	час пик (м)	[tʃas pík]
estacionar (vi)	паркирам се	[parkíram se]
estacionar (vt)	паркирам	[párkiram]
parque (m) de estacionamento	паркинг (м)	[párking]
metro (m)	метро (с)	[metró]
estação (f)	станция (ж)	[stántsija]
ir de metro	пътувам с метро	[pətúvam s metró]
comboio (m)	влак (м)	[vlak]
estação (f)	гара (ж)	[gára]

28. Cidade. Vida na cidade

cidade (f)	град (м)	[grat]
capital (f)	столица (ж)	[stólitsa]
aldeia (f)	село (e)	[sélo]
mapa (m) da cidade	план (м) на града	[plan na gradá]
centro (m) da cidade	център (м) на града	[tséntər na gradá]
subúrbio (m)	предградие (с)	[predgrádie]
suburbano	крайградски	[krajgrátski]
periferia (f)	покрайнина (ж)	[pokrajniná]
arredores (m pl)	околности (мн)	[okólnosti]
quarteirão (m)	квартал (м)	[kvartál]
quarteirão (m) residencial	жилищен квартал (м)	[ʒíliʃten kvartál]
tráfego (m)	движение (с)	[dviʒénie]
semáforo (m)	светофар (м)	[svetofár]
transporte (m) público	градски транспорт (м)	[grátski transpórt]
cruzamento (m)	кръстовище (с)	[krəstóviʃte]
passadeira (f)	зебра (ж)	[zébra]
passagem (f) subterrânea	подлез (м)	[pódlez]
cruzar, atravessar (vt)	пресичам	[presítʃam]
peão (m)	пешеходец (м)	[peʃehódets]
passeio (m)	тротоар (м)	[trotoár]
ponte (f)	мост (м)	[most]
margem (f) do rio	кей (м)	[kej]
fonte (f)	фонтан (м)	[fontán]
alameda (f)	алея (ж)	[aléja]
parque (m)	парк (м)	[park]
bulevar (m)	булевард (м)	[bulevárt]
praça (f)	площад (м)	[ploʃtát]
avenida (f)	авеню (с)	[avenʲú]
rua (f)	улица (ж)	[úlitsa]
travessa (f)	пресечка (ж)	[presétʃka]
beco (m) sem saída	задънена улица (ж)	[zadénena úlitsa]
casa (f)	къща (ж)	[kéʃta]
edifício, prédio (m)	сграда (ж)	[zgráda]
arranha-céus (m)	небостъргач (м)	[nebostərgátʃ]
fachada (f)	фасада (ж)	[fasáda]
telhado (m)	покрив (м)	[pókriv]
janela (f)	прозорец (м)	[prozórets]
arco (m)	арка (ж)	[árka]
coluna (f)	колона (ж)	[kolóna]
esquina (f)	ъгъл (м)	[égəl]
montra (f)	витрина (ж)	[vitrína]
letreiro (m)	табела (ж)	[tabéla]
cartaz (m)	афиш (м)	[afíʃ]
cartaz (m) publicitário	постер (м)	[póster]

painel (m) publicitário	билборд (м)	[bilbórt]
lixo (m)	боклук (м)	[boklúk]
cesta (f) do lixo	кошче (с)	[kóʃʧe]
jogar lixo na rua	правя боклук	[právʲa boklúk]
aterro (m) sanitário	сметище (с)	[smétiʃte]

cabine (f) telefónica	телефонна будка (ж)	[telefónna bútka]
candeeiro (m) de rua	стълб (м) с фенер	[stəlp s fenér]
banco (m)	пейка (ж)	[péjka]

polícia (m)	полицай (м)	[politsáj]
polícia (instituição)	полиция (ж)	[polítsija]
mendigo (m)	сиромах (м)	[siromáh]
sem-abrigo (m)	бездомник (м)	[bezdómnik]

29. Instituições urbanas

loja (f)	магазин (м)	[magazín]
farmácia (f)	аптека (ж)	[aptéka]
ótica (f)	оптика (ж)	[óptika]
centro (m) comercial	търговски център (м)	[tərgófski tsénter]
supermercado (m)	супермаркет (м)	[supermárket]

padaria (f)	хлебарница (ж)	[hlebárnitsa]
padeiro (m)	фурнаджия (ж)	[furnadʒíja]
pastelaria (f)	сладкарница (ж)	[slatkárnitsa]
mercearia (f)	бакалия (ж)	[bakalíja]
talho (m)	месарница (ж)	[mesárnitsa]

| loja (f) de legumes | магазин (м) за плодове и зеленчуци | [magazín za plodové i zelenʧútsi] |
| mercado (m) | пазар (м) | [pazár] |

café (m)	кафене (с)	[kafené]
restaurante (m)	ресторант (м)	[restoránt]
bar (m), cervejaria (f)	бирария (ж)	[birárija]
pizzaria (f)	пицария (ж)	[pitsaríja]

salão (m) de cabeleireiro	фризьорски салон (м)	[frizʲórski salón]
correios (m pl)	поща (ж)	[póʃta]
lavandaria (f)	химическо чистене (с)	[himíʧesko ʧístene]
estúdio (m) fotográfico	фотостудио (с)	[fotostúdio]

sapataria (f)	магазин (м) за обувки	[magazín za obúfki]
livraria (f)	книжарница (ж)	[kniʒárnitsa]
loja (f) de artigos de desporto	магазин (м) за спортни стоки	[magazín za spórtni stóki]

reparação (f) de roupa	поправка (ж) на дрехи	[popráfka na dréhi]
aluguer (m) de roupa	дрехи (ж мн) под наем	[dréhi pot náem]
aluguer (m) de filmes	филми (м мн) под наем	[fílmi pot náem]

| circo (m) | цирк (м) | [tsirk] |
| jardim (m) zoológico | зоологическа градина (ж) | [zoologíʧeska gradína] |

cinema (m)	кино (c)	[kíno]
museu (m)	музей (м)	[muzéj]
biblioteca (f)	библиотека (ж)	[bibliotéka]

teatro (m)	театър (м)	[teátər]
ópera (f)	опера (ж)	[ópera]
clube (m) noturno	нощен клуб (м)	[nóʃten klup]
casino (m)	казино (c)	[kazíno]

mesquita (f)	джамия (ж)	[dʒamíja]
sinagoga (f)	синагога (ж)	[sinagóga]
catedral (f)	катедрала (ж)	[katedrála]
templo (m)	храм (м)	[hram]
igreja (f)	църква (ж)	[tsérkva]

instituto (m)	институт (м)	[institút]
universidade (f)	университет (м)	[universitét]
escola (f)	училище (c)	[utʃíliʃte]

prefeitura (f)	префектура (ж)	[prefektúra]
câmara (f) municipal	кметство (c)	[kmétstvo]
hotel (m)	хотел (м)	[hotél]
banco (m)	банка (ж)	[bánka]

embaixada (f)	посолство (c)	[posólstvo]
agência (f) de viagens	туристическа агенция (ж)	[turistíʧeska agéntsija]
agência (f) de informações	справки (м мн)	[spráfki]
casa (f) de câmbio	обменно бюро (c)	[obménno bʲúro]

| metro (m) | метро (c) | [metró] |
| hospital (m) | болница (ж) | [bólnitsa] |

| posto (m) de gasolina | бензиностанция (ж) | [benzino·stántsija] |
| parque (m) de estacionamento | паркинг (м) | [párking] |

30. Sinais

letreiro (m)	табела (ж)	[tabéla]
inscrição (f)	надпис (м)	[nádpis]
cartaz, póster (m)	постер (м)	[póster]
sinal (m) informativo	указател (м)	[ukazátel]
seta (f)	стрелка (ж)	[strelká]

aviso (advertência)	предпазване (c)	[predpázvane]
sinal (m) de aviso	предупреждение (c)	[predupreʒdénie]
avisar, advertir (vt)	предупредя	[predupredʲá]

dia (m) de folga	почивен ден (м)	[potʃíven dén]
horário (m)	разписание (c)	[raspisánie]
horário (m) de funcionamento	работно време (c)	[rabótno vréme]

BEM-VINDOS!	ДОБРЕ ДОШЛИ!	[dobré doʃlí]
ENTRADA	ВХОД	[vhot]
SAÍDA	ИЗХОД	[íshot]

EMPURRE	БУТНИ	[butní]
PUXE	ДРЪПНИ	[drəpní]
ABERTO	ОТВОРЕНО	[otvóreno]
FECHADO	ЗАТВОРЕНО	[zatvóreno]

| MULHER | ЖЕНИ | [ʒení] |
| HOMEM | МЪЖЕ | [məʒé] |

DESCONTOS	НАМАЛЕНИЕ	[namalénie]
SALDOS	РАЗПРОДАЖБА	[rasprodáʒba]
NOVIDADE!	НОВА СТОКА	[nóva stóka]
GRÁTIS	БЕЗПЛАТНО	[besplátno]

ATENÇÃO!	ВНИМАНИЕ!	[vnimánie]
NÃO HÁ VAGAS	НЯМА СВОБОДНИ МЕСТА	[nʲáma svobódni mestá]
RESERVADO	РЕЗЕРВИРАНО	[rezervírano]

ADMINISTRAÇÃO	АДМИНИСТРАЦИЯ	[administrátsija]
SOMENTE PESSOAL	ЗАБРАНЕНО	[zabráneno
AUTORIZADO	ЗА ВЪНШНИ ЛИЦА	za venʃni lítsa]

CUIDADO CÃO FEROZ	ЗЛО КУЧЕ	[zlo kútʃe]
PROIBIDO FUMAR!	ПУШЕНЕТО ЗАБРАНЕНО!	[puʃenéto zabráneno]
NÃO TOCAR	НЕ ПИПАЙ!	[ne pípaj]

PERIGOSO	ОПАСНО	[opásno]
PERIGO	ОПАСНОСТ	[opásnost]
ALTA TENSÃO	ВИСОКО НАПРЕЖЕНИЕ	[visóko napreʒénie]
PROIBIDO NADAR	КЪПАНЕТО ЗАБРАНЕНО	[képaneto zabranéno]
AVARIADO	НЕ РАБОТИ	[ne rabóti]

INFLAMÁVEL	ОГНЕОПАСНО	[ogneopásno]
PROIBIDO	ЗАБРАНЕНО	[zabranéno]
ENTRADA PROIBIDA	МИНАВАНЕТО ЗАБРАНЕНО	[minávaneto zabranéno]
CUIDADO TINTA FRESCA	ПАЗИ СЕ ОТ БОЯТА	[pazi se ot bojáta]

31. Compras

comprar (vt)	купувам	[kupúvam]
compra (f)	покупка (ж)	[pokúpka]
fazer compras	пазарувам	[pazarúvam]
compras (f pl)	пазаруване (с)	[pazarúvane]

| estar aberta (loja, etc.) | работя | [rabótʲa] |
| estar fechada | затваря се | [zatvárʲa se] |

calçado (m)	обувки (ж мн)	[obúfki]
roupa (f)	облекло (с)	[oblekló]
cosméticos (m pl)	козметика (ж)	[kozmétika]
alimentos (m pl)	продукти (м мн)	[prodúkti]
presente (m)	подарък (м)	[podárək]
vendedor (m)	продавач (м)	[prodavátʃ]
vendedora (f)	продавачка (ж)	[prodavátʃka]

caixa (f)	каса (ж)	[kása]
espelho (m)	огледало (c)	[ogledálo]
balcão (m)	щанд (м)	[ʃtant]
cabine (f) de provas	пробна (ж)	[próbna]

provar (vt)	пробвам	[próbvam]
servir (vi)	подхождам	[podhóʒdam]
gostar (apreciar)	харесвам	[harésvam]

preço (m)	цена (ж)	[tsená]
etiqueta (f) de preço	етикет (м)	[etikét]
custar (vt)	струвам	[strúvam]
Quanto?	Колко?	[kólko]
desconto (m)	намаление (c)	[namalénie]

não caro	нескъп	[neskǝp]
barato	евтин	[éftin]
caro	скъп	[skǝp]
É caro	Това е скъпо	[tová e sképo]

aluguer (m)	под наем (м)	[pot náem]
alugar (vestidos, etc.)	взимам под наем	[vzímam pot náem]
crédito (m)	кредит (м)	[krédit]
a crédito	на кредит	[na krédit]

VESTUÁRIO & ACESSÓRIOS

32. Roupa exterior. Casacos

roupa (f)	облекло (c)	[oblekló]
roupa (f) exterior	горни дрехи (ж мн)	[górni dréhi]
roupa (f) de inverno	зимни дрехи (ж мн)	[zímni dréhi]
sobretudo (m)	палто (c)	[paltó]
casaco (m) de peles	кожено палто (c)	[kóʒeno paltó]
casaco curto (m) de peles	полушубка (ж)	[poluʃúpka]
casaco (m) acolchoado	пухено яке (c)	[púheno jáke]
casaco, blusão (m)	яке (c)	[jáke]
impermeável (m)	шлифер (м)	[ʃlífer]
impermeável	непромокаем	[nepromokáem]

33. Vestuário de homem & mulher

camisa (f)	риза (ж)	[ríza]
calças (f pl)	панталон (м)	[pantalón]
calças (f pl) de ganga	дънки, джинси (мн)	[dénki], [dʒínsi]
casaco (m) de fato	сако (c)	[sakó]
fato (m)	костюм (м)	[kostʲúm]
vestido (ex. ~ vermelho)	рокля (ж)	[róklʲa]
saia (f)	пола (ж)	[polá]
blusa (f)	блуза (ж)	[blúza]
casaco (m) de malha	жилетка (ж)	[ʒilétka]
casaco, blazer (m)	сако (c)	[sakó]
T-shirt, camiseta (f)	тениска (ж)	[téniska]
calções (Bermudas, etc.)	къси панталони (м мн)	[kési pantalóni]
fato (m) de treino	анцуг (м)	[ántsuk]
roupão (m) de banho	хавлиен халат (м)	[havlíen halát]
pijama (m)	пижама (ж)	[piʒáma]
suéter (m)	пуловер (м)	[pulóver]
pulôver (m)	пуловер (м)	[pulóver]
colete (m)	елек (м)	[elék]
fraque (m)	фрак (м)	[frak]
smoking (m)	смокинг (м)	[smóking]
uniforme (m)	униформа (ж)	[unifórma]
roupa (f) de trabalho	работно облекло (c)	[rabótno oblekló]
fato-macaco (m)	гащеризон (м)	[gaʃterizón]
bata (~ branca, etc.)	бяла престилка (ж)	[bʲála prestílka]

34. Vestuário. Roupa interior

roupa (f) interior	белю (c)	[beľó]
cuecas boxer (f pl)	боксер (м)	[boksér]
cuecas (f pl)	прашка (ж)	[práʃka]
camisola (f) interior	потник (м)	[pótnik]
peúgas (f pl)	чорапи (м мн)	[tʃorápi]
camisa (f) de noite	нощница (ж)	[nóʃtnitsa]
sutiã (m)	сутиен (м)	[sutién]
meias longas (f pl)	чорапи три четвърт (м мн)	[tʃorápi tri tʃétvərt]
meia-calça (f)	чорапогащник (м)	[tʃorapogáʃtnik]
meias (f pl)	чорапи (м мн)	[tʃorápi]
fato (m) de banho	бански костюм (м)	[bánski kostʲúm]

35. Adereços de cabeça

chapéu (m)	шапка (ж)	[ʃápka]
chapéu (m) de feltro	шапка (ж)	[ʃápka]
boné (m) de beisebol	шапка (ж) с козирка	[ʃápka s kozirká]
boné (m)	каскет (м)	[kaskét]
boina (f)	барета (ж)	[baréta]
capuz (m)	качулка (ж)	[katʃúlka]
panamá (m)	панама (ж)	[panáma]
gorro (m) de malha	плетена шапка (ж)	[plétena ʃápka]
lenço (m)	кърпа (ж)	[kǝrpa]
chapéu (m) de mulher	шапка (ж)	[ʃápka]
capacete (m) de proteção	каска (ж)	[káska]
bibico (m)	пилотка (ж)	[pilótka]
capacete (m)	шлем (м)	[ʃlem]
chapéu-coco (m)	бомбе (c)	[bombé]
chapéu (m) alto	цилиндър (м)	[tsilíndǝr]

36. Calçado

calçado (m)	обувки (ж мн)	[obúfki]
botinas (f pl)	ботинки (мн)	[botínki]
sapatos (de salto alto, etc.)	обувки (ж мн)	[obúfki]
botas (f pl)	ботуши (м мн)	[botúʃi]
pantufas (f pl)	чехли (м мн)	[tʃéhli]
ténis (m pl)	маратонки (ж мн)	[maratónki]
sapatilhas (f pl)	кецове (м мн)	[kétsove]
sandálias (f pl)	сандали (мн)	[sandáli]
sapateiro (m)	обущар (м)	[obuʃtár]
salto (m)	ток (м)	[tok]

par (m)	чифт (м)	[tʃift]
atacador (m)	връзка (ж)	[vréska]
apertar os atacadores	връзвам	[vrézvam]
calçadeira (f)	обувалка (ж)	[obuválka]
graxa (f) para calçado	крем (м) за обувки	[krem za obúfki]

37. Acessórios pessoais

luvas (f pl)	ръкавици (ж мн)	[rəkavítsi]
mitenes (f pl)	ръкавици (ж мн) с един пръст	[rəkavítsi s edín pərst]
cachecol (m)	шал (м)	[ʃal]
óculos (m pl)	очила (мн)	[otʃilá]
armação (f) de óculos	рамка (ж) за очила	[rámka za otʃilá]
guarda-chuva (m)	чадър (м)	[tʃadér]
bengala (f)	бастун (м)	[bastún]
escova (f) para o cabelo	четка (ж) за коса	[tʃétka za kosá]
leque (m)	ветрило (с)	[vetrílo]
gravata (f)	вратовръзка (ж)	[vratovrézka]
gravata-borboleta (f)	папийонка (ж)	[papijónka]
suspensórios (m pl)	тиранти (мн)	[tiránti]
lenço (m)	носна кърпичка (ж)	[nósna kérpitʃka]
pente (m)	гребен (м)	[grében]
travessão (m)	шнола (ж)	[ʃnóla]
gancho (m) de cabelo	фиба (ж)	[fíba]
fivela (f)	катарама (ж)	[kataráma]
cinto (m)	колан (м)	[kolán]
correia (f)	ремък (м)	[rémək]
mala (f)	чанта (ж)	[tʃánta]
mala (f) de senhora	чантичка (ж)	[tʃántitʃka]
mochila (f)	раница (ж)	[ránitsa]

38. Vestuário. Diversos

moda (f)	мода (ж)	[móda]
na moda	модерен	[modéren]
estilista (m)	моделиер (м)	[modeliér]
colarinho (m), gola (f)	яка (ж)	[jaká]
bolso (m)	джоб (м)	[dʒop]
de bolso	джобен	[dʒóben]
manga (f)	ръкав (м)	[rəkáv]
alcinha (f)	закачалка (ж)	[zakatʃálka]
braguilha (f)	копчелък (м)	[koptʃelék]
fecho (m) de correr	цип (м)	[tsip]
fecho (m), colchete (m)	закопчалка (ж)	[zakoptʃálka]

botão (m)	копче (c)	[kópʧe]
casa (f) de botão	илик (m)	[ilík]
soltar-se (vr)	откъсна се	[otkésna se]

coser, costurar (vi)	шия	[ʃíja]
bordar (vt)	бродирам	[brodíram]
bordado (m)	бродерия (ж)	[brodérija]
agulha (f)	игла (ж)	[iglá]
fio (m)	конец (m)	[konéts]
costura (f)	тегел (m)	[tegél]

sujar-se (vr)	изцапам се	[istsápam se]
mancha (f)	петно (c)	[petnó]
engelhar-se (vr)	смачкам се	[smáʧkam se]
rasgar (vt)	скъсам	[skésam]
traça (f)	молец (m)	[moléts]

39. Cuidados pessoais. Cosméticos

pasta (f) de dentes	паста (ж) за зъби	[pásta za zébi]
escova (f) de dentes	четка (ж) за зъби	[ʧétka za zébi]
escovar os dentes	мия си зъбите	[míja si zébite]

máquina (f) de barbear	бръснач (m)	[brəsnáʧ]
creme (m) de barbear	крем (m) за бръснене	[krem za brésnene]
barbear-se (vr)	бръсна се	[brésna se]

| sabonete (m) | сапун (m) | [sapún] |
| champô (m) | шампоан (m) | [ʃampoán] |

tesoura (f)	ножица (ж)	[nóʒitsa]
lima (f) de unhas	пиличка (ж) за нокти	[pílitʃka za nókti]
corta-unhas (m)	ножичка (ж) за нокти	[nóʒiʧka za nókti]
pinça (f)	пинсета (ж)	[pinséta]

cosméticos (m pl)	козметика (ж)	[kozmétika]
máscara (f) facial	маска (ж)	[máska]
manicura (f)	маникюр (m)	[manikʲúr]
fazer a manicura	правя маникюр	[právʲa manikʲúr]
pedicure (f)	педикюр (m)	[pedikʲúr]

mala (f) de maquilhagem	козметична чантичка (ж)	[kozmetíʧna ʧántiʧka]
pó (m)	пудра (ж)	[púdra]
caixa (f) de pó	пудриера (ж)	[pudriéra]
blush (m)	руж (ж)	[ruʃ]

perfume (m)	парфюм (m)	[parfʲúm]
água (f) de toilette	тоалетна вода (ж)	[toalétna vodá]
loção (f)	лосион (m)	[losión]
água-de-colónia (f)	одеколон (m)	[odekolón]

sombra (f) de olhos	сенки (ж мн) за очи	[sénki za oʧí]
lápis (m) delineador	молив (m) за очи	[móliv za oʧí]
máscara (f), rímel (m)	спирала (ж)	[spirála]

batom (m)	червило (c)	[tʃervílo]
verniz (m) de unhas	лак (м) за нокти	[lak za nókti]
laca (f) para cabelos	лак (м) за коса	[lak za kosá]
desodorizante (m)	дезодорант (м)	[dezodoránt]

creme (m)	крем (м)	[krem]
creme (m) de rosto	крем (м) за лице	[krem za litsé]
creme (m) de mãos	крем (м) за ръце	[krem za rətsé]
creme (m) antirrugas	крем (м) срещу бръчки	[krem sreʃtú brétʃki]
creme (m) de dia	дневен крем (м)	[dnéven krem]
creme (m) de noite	нощен крем (м)	[nóʃten krem]
de dia	дневен	[dnéven]
da noite	нощен	[nóʃten]

tampão (m)	тампон (м)	[tampón]
papel (m) higiénico	тоалетна хартия (ж)	[toalétna hartíja]
secador (m) elétrico	сешоар (м)	[seʃoár]

40. Relógios de pulso. Relógios

relógio (m) de pulso	часовник (м)	[tʃasóvnik]
mostrador (m)	циферблат (м)	[tsiferblát]
ponteiro (m)	стрелка (ж)	[strelká]
bracelete (f) em aço	гривна (ж)	[grívna]
bracelete (f) em couro	каишка (ж)	[kaíʃka]

pilha (f)	батерия (ж)	[batérija]
descarregar-se	батерията се изтощи	[batérijata se istoʃtí]
trocar a pilha	сменям батерия	[sménʲam batérija]
estar adiantado	избързвам	[izbérzvam]
estar atrasado	изоставам	[izostávam]

relógio (m) de parede	стенен часовник (м)	[sténen tʃasóvnik]
ampulheta (f)	пясъчен часовник (м)	[pʲásətʃen tʃasóvnik]
relógio (m) de sol	слънчев часовник (м)	[sléntʃev tʃasóvnik]
despertador (m)	будилник (м)	[budílnik]
relojoeiro (m)	часовникар (м)	[tʃasovnikár]
reparar (vt)	поправям	[poprávʲam]

EXPERIÊNCIA DO QUOTIDIANO

41. Dinheiro

dinheiro (m)	пари (мн)	[parí]
câmbio (m)	обмяна (ж)	[obmʲána]
taxa (f) de câmbio	курс (м)	[kurs]
Caixa Multibanco (m)	банкомат (м)	[bankomát]
moeda (f)	монета (ж)	[monéta]
dólar (m)	долар (м)	[dólar]
euro (m)	евро (с)	[évro]
lira (f)	лира (ж)	[líra]
marco (m)	марка (ж)	[márka]
franco (m)	франк (м)	[frank]
libra (f) esterlina	британска лира (ж)	[británska líra]
iene (m)	йена (ж)	[jéna]
dívida (f)	дълг (м)	[dəlk]
devedor (m)	длъжник (м)	[dləʒník]
emprestar (vt)	давам на заем	[dávam na záem]
pedir emprestado	взема на заем	[vzéma na záem]
banco (m)	банка (ж)	[bánka]
conta (f)	сметка (ж)	[smétka]
depositar (vt)	депозирам	[depozíram]
depositar na conta	внеса в сметка	[vnesá v smétka]
levantar (vt)	тегля от сметката	[téglʲa ot smétkata]
cartão (m) de crédito	кредитна карта (ж)	[kréditna kárta]
dinheiro (m) vivo	налични пари (мн)	[nalíʧni parí]
cheque (m)	чек (м)	[ʧek]
passar um cheque	подпиша чек	[potpíʃa ʧek]
livro (m) de cheques	чекова книжка (ж)	[ʧékova kníʃka]
carteira (f)	портфейл (м)	[portféjl]
porta-moedas (m)	портмоне (с)	[portmoné]
cofre (m)	сейф (м)	[sejf]
herdeiro (m)	наследник (м)	[naslédnik]
herança (f)	наследство (с)	[naslétstvo]
fortuna (riqueza)	състояние (с)	[səstojánie]
arrendamento (m)	наем (м)	[náem]
renda (f) de casa	наем (м)	[náem]
alugar (vt)	наемам	[naémam]
preço (m)	цена (ж)	[tsená]
custo (m)	стойност (ж)	[stójnost]

soma (f)	сума (ж)	[súma]
gastar (vt)	харча	[hártʃa]
gastos (m pl)	разходи (м мн)	[ráshodi]
economizar (vi)	пестя	[pestʲá]
económico	пестелив	[pestelíf]

pagar (vt)	плащам	[pláʃtam]
pagamento (m)	плащане (с)	[pláʃtane]
troco (m)	ресто (с)	[résto]

imposto (m)	данък (м)	[dánək]
multa (f)	глоба (ж)	[glóba]
multar (vt)	глобявам	[globʲávam]

42. Correios. Serviço postal

correios (m pl)	поща (ж)	[póʃta]
correio (m)	поща (ж)	[póʃta]
carteiro (m)	пощальон (м)	[poʃtalʲón]
horário (m)	работно време (с)	[rabótno vréme]

carta (f)	писмо (с)	[pismó]
carta (f) registada	препоръчано писмо (с)	[preporétʃano pismó]
postal (m)	картичка (ж)	[kártitʃka]
telegrama (m)	телеграма (ж)	[telegráma]
encomenda (f) postal	колет (м)	[kolét]
remessa (f) de dinheiro	паричен превод (м)	[parítʃen prévot]

receber (vt)	получа	[polútʃa]
enviar (vt)	изпратя	[isprátʲa]
envio (m)	изпращане (с)	[ispráʃtane]

endereço (m)	адрес (м)	[adrés]
código (m) postal	пощенски код (м)	[póʃtenski kot]
remetente (m)	подател (м)	[podátel]
destinatário (m)	получател (м)	[polutʃátel]
nome (m)	име (с)	[íme]
apelido (m)	фамилия (ж)	[famílija]

tarifa (f)	тарифа (ж)	[tarífa]
ordinário	обикновен	[obiknovén]
económico	икономичен	[ikonomítʃen]

peso (m)	тегло (с)	[tegló]
pesar (estabelecer o peso)	претеглям	[pretéglʲam]
envelope (m)	плик (м)	[plik]
selo (m)	марка (ж)	[márka]

43. Banca

banco (m)	банка (ж)	[bánka]
sucursal, balcão (f)	клон (м)	[klon]

| consultor (m) | консултант (м) | [konsultánt] |
| gerente (m) | управител (м) | [uprávitel] |

conta (f)	сметка (ж)	[smétka]
número (m) da conta	номер (м) на сметка	[nómer na smétka]
conta (f) corrente	текуща сметка (ж)	[tekúʃta smétka]
conta (f) poupança	спестовна сметка (ж)	[spestóvna smétka]

abrir uma conta	откривам сметка	[otkrívam smétka]
fechar uma conta	закривам сметка	[zakrívam smétka]
depositar na conta	депозирам в сметка	[depozíram f smétka]
levantar (vt)	тегля от сметката	[téglʲa ot smétkata]

depósito (m)	влог (м)	[vlok]
fazer um depósito	направя влог	[naprávʲa vlok]
transferência (f) bancária	превод (м)	[prévot]
transferir (vt)	направя превод	[naprávʲa prévot]

| soma (f) | сума (ж) | [súma] |
| Quanto? | Колко? | [kólko] |

| assinatura (f) | подпис (м) | [pótpis] |
| assinar (vt) | подпиша | [potpíʃa] |

cartão (m) de crédito	кредитна карта (ж)	[kréditna kárta]
código (m)	код (м)	[kot]
número (m)	номер (м)	[nómer
do cartão de crédito	на кредитна карта	na kréditna kárta]
Caixa Multibanco (m)	банкомат (м)	[bankomát]

cheque (m)	чек (м)	[tʃek]
passar um cheque	подпиша чек	[potpíʃa tʃek]
livro (m) de cheques	чекова книжка (ж)	[tʃékova kníʃka]

empréstimo (m)	кредит (м)	[krédit]
pedir um empréstimo	кандидатствам за кредит	[kandidátstvam za krédit]
obter um empréstimo	взимам кредит	[vzímam krédit]
conceder um empréstimo	предоставям кредит	[predostávʲam krédit]
garantia (f)	гаранция (ж)	[garántsija]

44. Telefone. Conversação telefónica

telefone (m)	телефон (м)	[telefón]
telemóvel (m)	мобилен телефон (м)	[mobílen telefón]
secretária (f) electrónica	телефонен секретар (м)	[telefónen sekretár]

| fazer uma chamada | обаждам се | [obáʒdam se] |
| chamada (f) | обаждане (с) | [obáʒdane] |

marcar um número	набирам номер	[nabíram nómer]
Alô!	Ало!	[álo]
perguntar (vt)	питам	[pítam]
responder (vt)	отговарям	[otgovárʲam]
ouvir (vt)	чувам	[tʃúvam]

bem	добре	[dobré]
mal	лошо	[lóʃo]
ruído (m)	шумове (м мн)	[ʃúmove]

auscultador (m)	слушалка (ж)	[sluʃálka]
pegar o telefone	вдигам слушалката	[vdígam sluʃálkata]
desligar (vi)	затварям телефона	[zatvárʲam telefóna]

ocupado	заета	[zaéta]
tocar (vi)	звъня	[zvənʲá]
lista (f) telefónica	телефонен справочник (м)	[telefónen spravótʃnik]

local	селищен	[séliʃten]
chamada (f) local	селищен разговор (м)	[séliʃten rázgovor]
de longa distância	междуградски	[meʒdugrátski]
chamada (f) de longa distância	междуградски разговор (м)	[meʒdugrátski rázgovor]
internacional	международен	[meʒdunaróden]
chamada (f) internacional	международен разговор (м)	[meʒdunaróden rázgovor]

45. Telefone móvel

telemóvel (m)	мобилен телефон (м)	[mobílen telefón]
ecrã (m)	дисплей (м)	[displéj]
botão (m)	бутон (м)	[butón]
cartão SIM (m)	SIM-карта (ж)	[sim-kárta]

bateria (f)	батерия (ж)	[batérija]
descarregar-se	изтощавам	[iztoʃtávam]
carregador (m)	зареждащо устройство (с)	[zaréʒdaʃto ustrójstvo]

menu (m)	меню (с)	[menʲú]
definições (f pl)	настройки (ж мн)	[nastrójki]
melodia (f)	мелодия (ж)	[melódija]
escolher (vt)	избера	[izberá]

calculadora (f)	калкулатор (м)	[kalkulátor]
correio (m) de voz	телефонен секретар (м)	[telefónen sekretár]
despertador (m)	будилник (м)	[budílnik]
contatos (m pl)	телефонен справочник (м)	[telefónen spravótʃnik]

| mensagem (f) de texto | SMS съобщение (с) | [esemés səobʃténie] |
| assinante (m) | абонат (м) | [abonát] |

46. Estacionário

| caneta (f) | химикалка (ж) | [himikálka] |
| caneta (f) tinteiro | перодръжка (ж) | [perodréʒka] |

| lápis (m) | молив (м) | [móliv] |
| marcador (m) | маркер (м) | [márker] |

caneta (f) de feltro	флумастер (м)	[flumáster]
bloco (m) de notas	тефтер (м)	[teftér]
agenda (f)	ежедневник (м)	[ezednévnik]

régua (f)	линийка (ж)	[línijka]
calculadora (f)	калкулатор (м)	[kalkulátor]
borracha (f)	гума (ж)	[gúma]
pionés (m)	кабърче (с)	[kábərʧe]
clipe (m)	кламер (м)	[klámer]

cola (f)	лепило (с)	[lepílo]
agrafador (m)	телбод (м)	[telbót]
furador (m)	перфоратор (м)	[perforátor]
afia-lápis (m)	острилка (ж)	[ostrílka]

47. Línguas estrangeiras

língua (f)	език (м)	[ezík]
estrangeiro	чужд	[ʧuʒd]
língua (f) estrangeira	чужд език (м)	[ʧuʒd ezík]
estudar (vt)	изучавам	[izuʧávam]
aprender (vt)	уча	[úʧa]

ler (vt)	чета	[ʧeta]
falar (vi)	говоря	[govórʲa]
compreender (vt)	разбирам	[razbíram]
escrever (vt)	пиша	[píʃa]

rapidamente	бързо	[bérzo]
devagar	бавно	[bávno]
fluentemente	свободно	[svobódno]

regras (f pl)	правила (с мн)	[pravilá]
gramática (f)	граматика (ж)	[gramátika]
vocabulário (m)	лексика (ж)	[léksika]
fonética (f)	фонетика (ж)	[fonétika]

manual (m) escolar	учебник (м)	[uʧébnik]
dicionário (m)	речник (м)	[réʧnik]
manual (m) de autoaprendizagem	самоучител (м)	[samouʧítel]
guia (m) de conversação	разговорник (м)	[razgovórnik]

cassete (f)	касета (ж)	[kaséta]
vídeo cassete (m)	видеокасета (ж)	[video·kaséta]
CD (m)	CD диск (м)	[sidí disk]
DVD (m)	DVD (м)	[dividí]

alfabeto (m)	алфавит (м)	[alfavít]
soletrar (vt)	спелувам	[spelúvam]
pronúncia (f)	произношение (с)	[proiznoʃénie]

| sotaque (m) | акцент (м) | [aktsént] |
| com sotaque | с акцент | [s aktsént] |

sem sotaque	без акцент	[bez aktsént]
palavra (f)	дума (ж)	[dúma]
sentido (m)	смисъл (м)	[smísəl]
cursos (m pl)	курсове (м мн)	[kúrsove]
inscrever-se (vr)	запиша се	[zapíʃa se]
professor (m)	преподавател (м)	[prepodavátel]
tradução (processo)	превод (м)	[prévot]
tradução (texto)	превод (м)	[prévot]
tradutor (m)	преводач (м)	[prevodátʃ]
intérprete (m)	преводач (м)	[prevodátʃ]
poliglota (m)	полиглот (м)	[poliglót]
memória (f)	памет (ж)	[pámet]

REFEIÇÕES. RESTAURANTE

48. Por a mesa

colher (f)	лъжица (ж)	[ləʒítsa]
faca (f)	нож (м)	[noʒ]
garfo (m)	вилица (ж)	[vílitsa]
chávena (f)	чаша (ж)	[ʧáʃa]
prato (m)	чиния (ж)	[ʧiníja]
pires (m)	чинийка (ж)	[ʧiníjka]
guardanapo (m)	салфетка (ж)	[salfétka]
palito (m)	клечка (ж) за зъби	[klétʃka za zébi]

49. Restaurante

restaurante (m)	ресторант (м)	[restoránt]
café (m)	кафене (с)	[kafené]
bar (m), cervejaria (f)	бар (м)	[bar]
salão (m) de chá	чаен салон (м)	[ʧáen salón]
empregado (m) de mesa	сервитьор (м)	[servitˈór]
empregada (f) de mesa	сервитьорка (ж)	[servitˈórka]
barman (m)	барман (м)	[bárman]
ementa (f)	меню (с)	[menʲú]
lista (f) de vinhos	карта (ж) на виното	[kárta na vínoto]
reservar uma mesa	резервирам масичка	[rezervíram másiʧka]
prato (m)	ядене (с)	[jádene]
pedir (vt)	поръчам	[poréʧam]
fazer o pedido	правя поръчка	[právʲa poréʧka]
aperitivo (m)	аперитив (м)	[aperitív]
entrada (f)	мезе (с)	[mezé]
sobremesa (f)	десерт (м)	[desért]
conta (f)	сметка (ж)	[smétka]
pagar a conta	плащам сметка	[pláʃtam smétka]
dar o troco	връщам ресто	[vréʃtam résto]
gorjeta (f)	бакшиш (м)	[bakʃíʃ]

50. Refeições

comida (f)	храна (ж)	[hraná]
comer (vt)	ям	[jam]

pequeno-almoço (m)	закуска (ж)	[zakúska]
tomar o pequeno-almoço	закусвам	[zakúsvam]
almoço (m)	обяд (м)	[obʲát]
almoçar (vi)	обядвам	[obʲádvam]
jantar (m)	вечеря (ж)	[vetʃérʲa]
jantar (vi)	вечерям	[vetʃérʲam]

| apetite (m) | апетит (м) | [apetít] |
| Bom apetite! | Добър апетит! | [dobér apetít] |

abrir (~ uma lata, etc.)	отварям	[otvárʲam]
derramar (vt)	излея	[izléja]
derramar-se (vr)	излея се	[izléja se]

ferver (vi)	вря	[vrʲa]
ferver (vt)	варя до кипване	[varʲá do kípvane]
fervido	преварен	[prevarén]
arrefecer (vt)	охладя	[ohladʲá]
arrefecer-se (vr)	изстудявам се	[isstudʲávam se]

| sabor, gosto (m) | вкус (м) | [fkus] |
| gostinho (m) | привкус (м) | [prífkus] |

fazer dieta	отслабвам	[otslábvam]
dieta (f)	диета (ж)	[diéta]
vitamina (f)	витамин (м)	[vitamín]
caloria (f)	калория (ж)	[kalórija]
vegetariano (m)	вегетарианец (м)	[vegetariánets]
vegetariano	вегетариански	[vegetariánski]

gorduras (f pl)	мазнини (ж мн)	[maznіní]
proteínas (f pl)	белтъчини (ж мн)	[beltətʃiní]
carboidratos (m pl)	въглехидрати (м мн)	[vəglehidráti]
fatia (~ de limão, etc.)	резенче (с)	[rézentʃe]
pedaço (~ de bolo)	парче (с)	[partʃé]
migalha (f)	троха (ж)	[trohá]

51. Pratos cozinhados

prato (m)	ястие (с)	[jástie]
cozinha (~ portuguesa)	кухня (ж)	[kúhnʲa]
receita (f)	рецепта (ж)	[retsépta]
porção (f)	порция (ж)	[pórtsija]

| salada (f) | салата (ж) | [saláta] |
| sopa (f) | супа (ж) | [súpa] |

caldo (m)	бульон (м)	[buljón]
sandes (f)	сандвич (м)	[sándvitʃ]
ovos (m pl) estrelados	пържени яйца (с мн)	[pérʒeni jajtsá]

hambúrguer (m)	хамбургер (м)	[hámburger]
bife (m)	бифтек (м)	[bifték]
conduto (m)	гарнитура (ж)	[garnitúra]

espaguete (m)	спагети (мн)	[spagéti]
puré (m) de batata	картофено пюре (с)	[kartófeno pʲuré]
pizza (f)	пица (ж)	[pítsa]
papa (f)	каша (ж)	[káʃa]
omelete (f)	омлет (м)	[omlét]

cozido em água	варен	[varén]
fumado	пушен	[púʃen]
frito	пържен	[pérʒen]
seco	сушен	[suʃén]
congelado	замразен	[zamrazén]
em conserva	маринован	[marinóvan]

doce (açucarado)	сладък	[sládək]
salgado	солен	[solén]
frio	студен	[studén]
quente	горещ	[goréʃt]
amargo	горчив	[gortʃív]
gostoso	вкусен	[fkúsen]

cozinhar (em água a ferver)	готвя	[gótvʲa]
fazer, preparar (vt)	готвя	[gótvʲa]
fritar (vt)	пържа	[pérʒa]
aquecer (vt)	затоплям	[zatóplʲam]

salgar (vt)	соля	[solʲá]
apimentar (vt)	слагам пипер	[slágam pipér]
ralar (vt)	стъргам	[stérgam]
casca (f)	кожа (ж)	[kóʒa]
descascar (vt)	беля	[bélʲa]

52. Comida

carne (f)	месо (с)	[mesó]
galinha (f)	кокошка (ж)	[kokóʃka]
frango (m)	пиле (с)	[píle]
pato (m)	патица (ж)	[pátitsa]
ganso (m)	гъска (ж)	[géska]
caça (f)	дивеч (ж)	[dívetʃ]
peru (m)	пуйка (ж)	[pújka]

carne (f) de porco	свинско (с)	[svínsko]
carne (f) de vitela	телешко месо (с)	[téleʃko mesó]
carne (f) de carneiro	агнешко (с)	[ágneʃko]
carne (f) de vaca	говеждо (с)	[govéʒdo]
carne (f) de coelho	питомен заек (м)	[pítomen záek]

chouriço, salsichão (m)	салам (м)	[salám]
salsicha (f)	кренвирш (м)	[krénvirʃ]
bacon (m)	бекон (м)	[bekón]
fiambre (f)	шунка (ж)	[ʃúnka]
presunto (m)	бут (м)	[but]
patê (m)	пастет (м)	[pastét]
fígado (m)	черен дроб (м)	[tʃéren drop]

| carne (f) moída | кайма (ж) | [kajmá] |
| língua (f) | език (м) | [ezík] |

ovo (m)	яйце (с)	[jajtsé]
ovos (m pl)	яйца (с мн)	[jajtsá]
clara (f) do ovo	белтък (м)	[belték]
gema (f) do ovo	жълтък (м)	[ʒəlték]

peixe (m)	риба (ж)	[ríba]
mariscos (m pl)	морски продукти (м мн)	[mórski prodúkti]
caviar (m)	хайвер (м)	[hajvér]

caranguejo (m)	морски рак (м)	[mórski rak]
camarão (m)	скарида (ж)	[skarída]
ostra (f)	стрида (ж)	[strída]
lagosta (f)	лангуста (ж)	[langústa]
polvo (m)	октопод (м)	[oktopót]
lula (f)	калмар (м)	[kalmár]

esturjão (m)	есетра (ж)	[esétra]
salmão (m)	сьомга (ж)	[sʲómga]
halibute (m)	палтус (м)	[páltus]

bacalhau (m)	треска (ж)	[tréska]
cavala, sarda (f)	скумрия (ж)	[skumríja]
atum (m)	риба тон (м)	[ríba ton]
enguia (f)	змиорка (ж)	[zmiórka]

truta (f)	пъстърва (ж)	[pəstérva]
sardinha (f)	сардина (ж)	[sardína]
lúcio (m)	щука (ж)	[ʃtúka]
arenque (m)	селда (ж)	[sélda]

pão (m)	хляб (м)	[hlʲap]
queijo (m)	кашкавал (м)	[kaʃkavál]
açúcar (m)	захар (ж)	[záhar]
sal (m)	сол (ж)	[sol]

arroz (m)	ориз (м)	[oríz]
massas (f pl)	макарони (мн)	[makaróni]
talharim (m)	юфка (ж)	[jufká]

manteiga (f)	краве масло (с)	[kráve masló]
óleo (m) vegetal	олио (с)	[ólio]
óleo (m) de girassol	слънчогледово масло (с)	[slənʧoglédovo máslo]
margarina (f)	маргарин (м)	[margarín]

| azeitonas (f pl) | маслини (ж мн) | [maslíni] |
| azeite (m) | зехтин (м) | [zehtín] |

leite (m)	мляко (с)	[mlʲáko]
leite (m) condensado	сгъстено мляко (с)	[sgəsténo mlʲáko]
iogurte (m)	йогурт (м)	[jógurt]
nata (f) azeda	сметана (ж)	[smetána]
nata (f) do leite	каймак (м)	[kajmák]
maionese (f)	майонеза (ж)	[majonéza]

creme (m)	крем (м)	[krem]
grãos (m pl) de cereais	грис, булгур (м)	[gris], [bulgúr]
farinha (f)	брашно (с)	[braʃnó]
enlatados (m pl)	консерви (ж мн)	[konsérvi]

flocos (m pl) de milho	царевичен флейкс (м)	[tsárevitʃen flejks]
mel (m)	мед (м)	[met]
doce (m)	конфитюр (м)	[konfitʲúr]
pastilha (f) elástica	дъвка (ж)	[défka]

53. Bebidas

água (f)	вода (ж)	[vodá]
água (f) potável	питейна вода (ж)	[pitéjna vodá]
água (f) mineral	минерална вода (ж)	[minerálna vodá]

sem gás	негазирана	[negazíran]
gaseificada	газирана	[gazíran]
com gás	газирана	[gazíran]
gelo (m)	лед (м)	[let]
com gelo	с лед	[s let]

sem álcool	безалкохолен	[bezalkohólen]
bebida (f) sem álcool	безалкохолна напитка (ж)	[bezalkohólna napítka]
refresco (m)	разхладителна напитка (ж)	[rashladítelna napítka]
limonada (f)	лимонада (ж)	[limonáda]

bebidas (f pl) alcoólicas	спиртни напитки (ж мн)	[spírtni napítki]
vinho (m)	вино (с)	[víno]
vinho (m) branco	бяло вино (с)	[bʲálo víno]
vinho (m) tinto	червено вино (с)	[tʃervéno víno]

licor (m)	ликьор (м)	[likʲór]
champanhe (m)	шампанско (с)	[ʃampánsko]
vermute (m)	вермут (м)	[vermút]

uísque (m)	уиски (с)	[wíski]
vodka (f)	водка (ж)	[vótka]
gim (m)	джин (м)	[dʒin]
conhaque (m)	коняк (м)	[konʲák]
rum (m)	ром (м)	[rom]

café (m)	кафе (с)	[kafé]
café (m) puro	черно кафе (с)	[tʃérno kafé]
café (m) com leite	кафе (с) с мляко	[kafé s mlʲáko]
cappuccino (m)	кафе (с) със сметана	[kafé səs smetána]
café (m) solúvel	разтворимо кафе (с)	[rastvorímo kafé]

leite (m)	мляко (с)	[mlʲáko]
coquetel (m)	коктейл (м)	[koktéjl]
batido (m) de leite	млечен коктейл (м)	[mlétʃen koktéjl]

sumo (m)	сок (м)	[sok]
sumo (m) de tomate	доматен сок (м)	[domáten sok]

| sumo (m) de laranja | портокалов сок (м) | [portokálov sok] |
| sumo (m) fresco | фреш (м) | [freʃ] |

cerveja (f)	бира (ж)	[bíra]
cerveja (f) clara	светла бира (ж)	[svétla bíra]
cerveja (f) preta	тъмна бира (ж)	[témna bíra]

chá (m)	чай (м)	[ʧaj]
chá (m) preto	черен чай (м)	[ʧéren ʧaj]
chá (m) verde	зелен чай (м)	[zelén ʧaj]

54. Vegetais

| legumes (m pl) | зеленчуци (м мн) | [zelenʧútsi] |
| verduras (f pl) | зарзават (м) | [zarzavát] |

tomate (m)	домат (м)	[domát]
pepino (m)	краставица (ж)	[krástavitsa]
cenoura (f)	морков (м)	[mórkof]
batata (f)	картофи (мн)	[kartófi]
cebola (f)	лук (м)	[luk]
alho (m)	чесън (м)	[ʧésən]

couve (f)	зеле (с)	[zéle]
couve-flor (f)	карфиол (м)	[karfiól]
couve-de-bruxelas (f)	брюкселско зеле (с)	[brʲúkselsko zéle]
brócolos (m pl)	броколи (с)	[brókoli]
beterraba (f)	цвекло (с)	[tsveklό]
beringela (f)	патладжан (м)	[patladʒán]
curgete (f)	тиквичка (ж)	[tíkviʧka]
abóbora (f)	тиква (ж)	[tíkva]
nabo (m)	ряпа (ж)	[rʲápa]

salsa (f)	магданоз (м)	[magdanóz]
funcho, endro (m)	копър (м)	[kópər]
alface (f)	салата (ж)	[saláta]
aipo (m)	целина (ж)	[tsélina]
espargo (m)	аспержа (ж)	[aspérʒa]
espinafre (m)	спанак (м)	[spanák]
ervilha (f)	грах (м)	[grah]
fava (f)	боб (м)	[bop]
milho (m)	царевица (ж)	[tsárevitsa]
feijão (m)	фасул (м)	[fasúl]

pimentão (m)	пипер (м)	[pipér]
rabanete (m)	репичка (ж)	[répiʧka]
alcachofra (f)	ангинар (м)	[anginár]

55. Frutos. Nozes

| fruta (f) | плод (м) | [plot] |
| maçã (f) | ябълка (ж) | [jábəlka] |

pera (f)	круша (ж)	[krúʃa]
limão (m)	лимон (м)	[limón]
laranja (f)	портокал (м)	[portokál]
morango (m)	ягода (ж)	[jágoda]

tangerina (f)	мандарина (ж)	[mandarína]
ameixa (f)	слива (ж)	[slíva]
pêssego (m)	праскова (ж)	[práskova]
damasco (m)	кайсия (ж)	[kajsíja]
framboesa (f)	малина (ж)	[malína]
ananás (m)	ананас (м)	[ananás]

banana (f)	банан (м)	[banán]
melancia (f)	диня (ж)	[dínʲa]
uva (f)	грозде (с)	[grózde]
ginja (f)	вишна (ж)	[víʃna]
cereja (f)	череша (ж)	[ʧeréʃa]
meloa (f)	пъпеш (м)	[pépeʃ]

toranja (f)	грейпфрут (м)	[gréjpfrut]
abacate (m)	авокадо (с)	[avokádo]
papaia (f)	папая (ж)	[papája]
manga (f)	манго (с)	[mángo]
romã (f)	нар (м)	[nar]

groselha (f) vermelha	червено френско грозде (с)	[ʧervéno frénsko grózde]
groselha (f) preta	черно френско грозде (с)	[ʧérno frénsko grózde]
groselha (f) espinhosa	цариградско грозде (с)	[tsarigrátsko grózde]
mirtilo (m)	боровинки (ж мн)	[borovínki]
amora silvestre (f)	къпина (ж)	[kəpína]

uvas (f pl) passas	стафиди (ж мн)	[stafídi]
figo (m)	смокиня (ж)	[smokínʲa]
tâmara (f)	фурма (ж)	[furmá]

amendoim (m)	фъстък (м)	[fəsték]
amêndoa (f)	бадем (м)	[badém]
noz (f)	орех (м)	[óreh]
avelã (f)	лешник (м)	[léʃnik]
coco (m)	кокосов орех (м)	[kokósov óreh]
pistáchios (m pl)	шамфъстъци (м мн)	[ʃamfəstétsi]

56. Pão. Bolaria

pastelaria (f)	сладкарски изделия (с мн)	[slatkárski izdélija]
pão (m)	хляб (м)	[hlʲap]
bolacha (f)	бисквити (ж мн)	[biskvíti]

chocolate (m)	шоколад (м)	[ʃokolát]
de chocolate	шоколадов	[ʃokoládov]
rebuçado (m)	бонбон (м)	[bonbón]
bolo (cupcake, etc.)	паста (ж)	[pásta]
bolo (m) de aniversário	торта (ж)	[tórta]

| tarte (~ de maçã) | пирог (м) | [pirók] |
| recheio (m) | плънка (ж) | [plénka] |

doce (m)	сладко (с)	[slátko]
geleia (f) de frutas	мармалад (м)	[marmalát]
waffle (m)	вафли (ж мн)	[váfli]
gelado (m)	сладолед (м)	[sladolét]

57. Especiarias

sal (m)	сол (ж)	[sol]
salgado	солен	[solén]
salgar (vt)	соля	[solʲá]

pimenta (f) preta	черен пипер (м)	[ʧéren pipér]
pimenta (f) vermelha	червен пипер (м)	[ʧervén pipér]
mostarda (f)	горчица (ж)	[gorʧítsa]
raiz-forte (f)	хрян (м)	[hrʲan]

condimento (m)	подправка (ж)	[podpráfka]
especiaria (f)	подправка (ж)	[podpráfka]
molho (m)	сос (м)	[sos]
vinagre (m)	оцет (м)	[otsét]

anis (m)	анасон (м)	[anasón]
manjericão (m)	босилек (м)	[bosílek]
cravo (m)	карамфил (м)	[karamfíl]
gengibre (m)	джинджифил (м)	[dʒindʒifíl]
coentro (m)	кориандър (м)	[koriándər]
canela (f)	канела (ж)	[kanéla]

sésamo (m)	сусам (м)	[susám]
folhas (f pl) de louro	дафинов лист (м)	[dafínov list]
páprica (f)	червен пипер (м)	[ʧervén pipér]
cominho (m)	черен тмин (м)	[ʧéren tmin]
açafrão (m)	шафран (м)	[ʃafrán]

INFORMAÇÃO PESSOAL. FAMÍLIA

58. Informação pessoal. Formulários

nome (m)	име (c)	[íme]
apelido (m)	фамилия (ж)	[famílija]
data (f) de nascimento	дата (ж) на раждане	[dáta na ráʒdane]
local (m) de nascimento	място (c) на раждане	[mʲásto na ráʒdane]
nacionalidade (f)	националност (ж)	[natsionálnost]
lugar (m) de residência	местожителство (c)	[mestoʒítelstvo]
país (m)	страна (ж)	[straná]
profissão (f)	професия (ж)	[profésija]
sexo (m)	пол (м)	[pol]
estatura (f)	ръст (м)	[rəst]
peso (m)	тегло (c)	[tegló]

59. Membros da família. Parentes

mãe (f)	майка (ж)	[májka]
pai (m)	баща (м)	[baʃtá]
filho (m)	син (м)	[sin]
filha (f)	дъщеря (ж)	[dəʃterʲá]
filha (f) mais nova	по-малка дъщеря (ж)	[po-málka dəʃterʲá]
filho (m) mais novo	по-малък син (м)	[po-málək sin]
filha (f) mais velha	по-голяма дъщеря (ж)	[po-golʲáma dəʃterʲá]
filho (m) mais velho	по-голям син (м)	[po-golʲám sin]
irmão (m)	брат (м)	[brat]
irmã (f)	сестра (ж)	[sestrá]
primo (m)	братовчед (м)	[bratovtʃét]
prima (f)	братовчедка (ж)	[bratovtʃétka]
mamã (f)	мама (ж)	[máma]
papá (m)	татко (м)	[tátko]
pais (pl)	родители (м мн)	[rodíteli]
criança (f)	дете (c)	[deté]
crianças (f pl)	деца (c мн)	[detsá]
avó (f)	баба (ж)	[bába]
avô (m)	дядо (м)	[dʲádo]
neto (m)	внук (м)	[vnuk]
neta (f)	внучка (ж)	[vnútʃka]
netos (pl)	внуци (м мн)	[vnútsi]
tio (m)	вуйчо (м)	[vújtʃo]
tia (f)	леля (ж)	[lélʲa]

sobrinho (m)	племенник (м)	[plémennik]
sobrinha (f)	племенница (ж)	[plémennitsa]

sogra (f)	тъща (ж)	[téʃta]
sogro (m)	свекър (м)	[svékər]
genro (m)	зет (м)	[zet]
madrasta (f)	мащеха (ж)	[máʃteha]
padrasto (m)	пастрок (м)	[pástrok]

criança (f) de colo	кърмаче (с)	[kərmátʃe]
bebé (m)	бебе (с)	[bébe]
menino (m)	момченце (с)	[momtʃéntse]

mulher (f)	жена (ж)	[ʒená]
marido (m)	мъж (м)	[məʒ]
esposo (m)	съпруг (м)	[səprúk]
esposa (f)	съпруга (ж)	[səprúga]

casado	женен	[ʒénen]
casada	омъжена	[omǿʒena]
solteiro	неженен	[neʒénen]
solteirão (m)	ерген (м)	[ergén]
divorciado	разведен	[razvéden]
viúva (f)	вдовица (ж)	[vdovítsa]
viúvo (m)	вдовец (м)	[vdovéts]

parente (m)	роднина (м, ж)	[rodnína]
parente (m) próximo	близък роднина (м)	[blízek rodnína]
parente (m) distante	далечен роднина (м)	[dalétʃen rodnína]
parentes (m pl)	роднини (мн)	[rodníni]

órfão (m), órfã (f)	сирак (м)	[sirák]
tutor (m)	опекун (м)	[opekún]
adotar (um filho)	осиновявам	[osinovʲávam]
adotar (uma filha)	осиновявам момиче	[osinovʲávam momítʃe]

60. Amigos. Colegas de trabalho

amigo (m)	приятел (м)	[prijátel]
amiga (f)	приятелка (ж)	[prijátelka]
amizade (f)	приятелство (с)	[prijátelstvo]
ser amigos	дружа	[druʒá]

amigo (m)	приятел (м)	[prijátel]
amiga (f)	приятелка (ж)	[prijátelka]
parceiro (m)	партньор (м)	[partnʲór]

chefe (m)	шеф (м)	[ʃef]
superior (m)	началник (м)	[natʃálnik]
subordinado (m)	подчинен (м)	[podtʃinén]
colega (m)	колега (м, ж)	[koléga]

conhecido (m)	познат (м)	[poznát]
companheiro (m) de viagem	спътник (м)	[spétnik]

colega (m) de classe	съученик (м)	[səutʃeník]
vizinho (m)	съсед (м)	[səsét]
vizinha (f)	съседка (ж)	[səsétka]
vizinhos (pl)	съседи (м мн)	[səsédi]

CORPO HUMANO. MEDICINA

61. Cabeça

cabeça (f)	глава (ж)	[glavá]
cara (f)	лице (с)	[litsé]
nariz (m)	нос (м)	[nos]
boca (f)	уста (ж)	[ustá]
olho (m)	око (с)	[okó]
olhos (m pl)	очи (с мн)	[otʃí]
pupila (f)	зеница (ж)	[zénitsa]
sobrancelha (f)	вежда (ж)	[véʒda]
pestana (f)	мигла (ж)	[mígla]
pálpebra (f)	клепач (м)	[klepátʃ]
língua (f)	език (м)	[ezík]
dente (m)	зъб (м)	[zəp]
lábios (m pl)	устни (ж мн)	[ústni]
maçãs (f pl) do rosto	скули (ж мн)	[skúli]
gengiva (f)	венец (м)	[venéts]
palato (m)	небце (с)	[nebtsé]
narinas (f pl)	ноздри (ж мн)	[nózdri]
queixo (m)	брадичка (ж)	[bradítʃka]
mandíbula (f)	челюст (ж)	[tʃélʲust]
bochecha (f)	буза (ж)	[búza]
testa (f)	чело (с)	[tʃeló]
têmpora (f)	слепоочие (с)	[slepoótʃie]
orelha (f)	ухо (с)	[uhó]
nuca (f)	тил (м)	[til]
pescoço (m)	шия (ж)	[ʃíja]
garganta (f)	гърло (с)	[gérlo]
cabelos (m pl)	коса (ж)	[kosá]
penteado (m)	прическа (ж)	[pritʃéska]
corte (m) de cabelo	подстригване (с)	[potstrígvane]
peruca (f)	перука (ж)	[perúka]
bigode (m)	мустаци (м мн)	[mustátsi]
barba (f)	брада (ж)	[bradá]
usar, ter (~ barba, etc.)	нося	[nósʲa]
trança (f)	коса (ж)	[kosá]
suíças (f pl)	бакенбарди (мн)	[bakenbárdi]
ruivo	червенокос	[tʃervenokós]
grisalho	беловлас	[belovlás]
calvo	плешив	[pleʃív]
calva (f)	плешивина (ж)	[pleʃiviná]

| rabo-de-cavalo (m) | опашка (ж) | [opáʃka] |
| franja (f) | бретон (м) | [bretón] |

62. Corpo humano

| mão (f) | китка (ж) | [kítka] |
| braço (m) | ръка (ж) | [rəká] |

dedo (m)	пръст (м)	[prəst]
dedo (m) do pé	пръст (м) на крак	[prəst na krak]
polegar (m)	палец (м)	[pálets]
dedo (m) mindinho	кутре (с)	[kutré]
unha (f)	нокът (м)	[nókət]

punho (m)	юмрук (м)	[jumrúk]
palma (f) da mão	длан (ж)	[dlan]
pulso (m)	китка (ж)	[kítka]
antebraço (m)	предмишница (ж)	[predmíʃnitsa]
cotovelo (m)	лакът (м)	[lákət]
ombro (m)	рамо (с)	[rámo]

perna (f)	крак (м)	[krak]
pé (m)	ходило (с)	[hodílo]
joelho (m)	коляно (с)	[kolʲáno]
barriga (f) da perna	прасец (м)	[praséts]
anca (f)	бедро (с)	[bedró]
calcanhar (m)	пета (ж)	[petá]

corpo (m)	тяло (с)	[tʲálo]
barriga (f)	корем (м)	[korém]
peito (m)	гръд (ж)	[grəd]
seio (m)	женска гръд (ж)	[ʒénska grəd]
lado (m)	страна (ж)	[straná]
costas (f pl)	гръб (м)	[grəp]
região (f) lombar	кръст (м)	[krəst]
cintura (f)	талия (ж)	[tálija]

umbigo (m)	пъп (м)	[pəp]
nádegas (f pl)	седалище (с)	[sedáliʃte]
traseiro (m)	задник (м)	[zádnik]

sinal (m)	бенка (ж)	[bénka]
sinal (m) de nascença	родилно петно (с)	[rodílno petnó]
tatuagem (f)	татуировка (ж)	[tatuirófka]
cicatriz (f)	белег (м)	[bélek]

63. Doenças

doença (f)	болест (ж)	[bólest]
estar doente	боледувам	[boledúvam]
saúde (f)	здраве (с)	[zdráve]
nariz (m) a escorrer	хрема (ж)	[hréma]

amigdalite (f)	ангина (ж)	[angína]
constipação (f)	настинка (ж)	[nastínka]
constipar-se (vr)	настина	[nastína]

bronquite (f)	бронхит (м)	[bronhít]
pneumonia (f)	пневмония (ж)	[pnevmoníja]
gripe (f)	грип (м)	[grip]

míope	късоглед	[kəsoglét]
presbita	далекоглед	[dalekoglét]
estrabismo (m)	кривогледство (с)	[krivoglétstvo]
estrábico	кривоглед	[krivoglét]
catarata (f)	катаракта (ж)	[katarákta]
glaucoma (m)	глаукома (ж)	[glaukóma]

AVC (m), apoplexia (f)	инсулт (м)	[insúlt]
ataque (m) cardíaco	инфаркт (м)	[infárkt]
enfarte (m) do miocárdio	инфаркт (м) на миокарда	[infárkt na miokárda]
paralisia (f)	парализа (ж)	[paráliza]
paralisar (vt)	парализирам	[paralizíram]

alergia (f)	алергия (ж)	[alérgija]
asma (f)	астма (ж)	[ástma]
diabetes (f)	диабет (м)	[diabét]

dor (f) de dentes	зъбобол (м)	[zəboból]
cárie (f)	кариес (м)	[káries]

diarreia (f)	диария (ж)	[diárija]
prisão (f) de ventre	запек (м)	[zápek]
desarranjo (m) intestinal	разстройство (с) на стомаха	[rastrójstvo na stomáha]
intoxicação (f) alimentar	отравяне (с)	[otrávʲane]
intoxicar-se	отровя се	[otróvʲa se]

artrite (f)	артрит (м)	[artrít]
raquitismo (m)	рахит (м)	[rahít]
reumatismo (m)	ревматизъм (м)	[revmatízəm]
arteriosclerose (f)	атеросклероза (ж)	[ateroskleróza]

gastrite (f)	гастрит (м)	[gastrít]
apendicite (f)	апандисит (м)	[apandisít]
colecistite (f)	холецистит (м)	[holetsistít]
úlcera (f)	язва (ж)	[jázva]

sarampo (m)	дребна шарка (ж)	[drébna ʃárka]
rubéola (f)	шарка (ж)	[ʃárka]
iterícia (f)	жълтеница (ж)	[ʒəltenítsa]
hepatite (f)	хепатит (м)	[hepatít]

esquizofrenia (f)	шизофрения (ж)	[ʃizofreníja]
raiva (f)	бяс (м)	[bʲas]
neurose (f)	невроза (ж)	[nevróza]
comoção (f) cerebral	сътресение (с) на мозъка	[sətresénie na mózəka]
cancro (m)	рак (м)	[rak]
esclerose (f)	склероза (ж)	[skleróza]

esclerose (f) múltipla	множествена склероза (ж)	[mnóʒestvena skleróza]
alcoolismo (m)	алкохолизъм (м)	[alkoholízəm]
alcoólico (m)	алкохолик (м)	[alkoholík]
sífilis (f)	сифилис (м)	[sífilis]
SIDA (f)	СПИН (м)	[spin]

tumor (m)	тумор (м)	[túmor]
maligno	злокачествен	[zlokátʃestven]
benigno	доброкачествен	[dobrokátʃestven]

febre (f)	треска (ж)	[tréska]
malária (f)	малария (ж)	[malárija]
gangrena (f)	гангрена (ж)	[gangréna]
enjoo (m)	морска болест (ж)	[mórska bólest]
epilepsia (f)	епилепсия (ж)	[epilépsija]

epidemia (f)	епидемия (ж)	[epidémija]
tifo (m)	тиф (м)	[tif]
tuberculose (f)	туберкулоза (ж)	[tuberkulóza]
cólera (f)	холера (ж)	[holéra]
peste (f)	чума (ж)	[tʃúma]

64. Sintomas. Tratamentos. Parte 1

sintoma (m)	симптом (м)	[simptóm]
temperatura (f)	температура (ж)	[temperatúra]
febre (f)	висока температура (ж)	[visóka temperatúra]
pulso (m)	пулс (м)	[puls]

vertigem (f)	световъртеж (м)	[svetovərtéʃ]
quente (testa, etc.)	горещ	[goréʃt]
calafrio (m)	тръпки (ж мн)	[trəpki]
pálido	бледен	[bléden]

tosse (f)	кашлица (ж)	[káʃlitsa]
tossir (vi)	кашлям	[káʃlʲam]
espirrar (vi)	кихам	[kíham]
desmaio (m)	припадък (м)	[pripádək]
desmaiar (vi)	припадна	[pripádna]

nódoa (f) negra	синина (ж)	[sininá]
galo (m)	подутина (ж)	[podutiná]
magoar-se (vr)	ударя се	[udárʲa se]
pisadura (f)	натъртване (с)	[natərtvane]
aleijar-se (vr)	ударя се	[udárʲa se]

coxear (vi)	куцам	[kútsam]
deslocação (f)	изкълчване (с)	[iskəltʃvane]
deslocar (vt)	навехна	[navéhna]
fratura (f)	фрактура (ж)	[fraktúra]
fraturar (vt)	счупя	[stʃúpʲa]

| corte (m) | порязване (с) | [porʲázvane] |
| cortar-se (vr) | порежа се | [poréʒa se] |

hemorragia (f)	кръвотечение (c)	[krəvoteʧénie]
queimadura (f)	изгаряне (c)	[izgárʲane]
queimar-se (vr)	опаря се	[opárʲa se]
picar (vt)	бодна	[bódna]
picar-se (vr)	убода се	[ubodá se]
lesionar (vt)	нараня	[naranʲá]
lesão (m)	рана (ж)	[rána]
ferida (f), ferimento (m)	рана (ж)	[rána]
trauma (m)	травма (ж)	[trávma]
delirar (vi)	бълнувам	[bəlnúvam]
gaguejar (vi)	заеквам	[zaékvam]
insolação (f)	слънчев удар (м)	[slénʧev údar]

65. Sintomas. Tratamentos. Parte 2

dor (f)	болка (ж)	[bólka]
farpa (no dedo)	трънче (c)	[trénʧe]
suor (m)	пот (ж)	[pot]
suar (vi)	потя се	[potʲá se]
vómito (m)	повръщане (c)	[povréʃtane]
convulsões (f pl)	гърчове (м мн)	[gérʧove]
grávida	бременна	[brémenna]
nascer (vi)	родя се	[rodʲá se]
parto (m)	раждане (c)	[ráʒdane]
dar à luz	раждам	[ráʒdam]
aborto (m)	аборт (м)	[abórt]
respiração (f)	дишане (c)	[díʃane]
inspiração (f)	вдишване (c)	[vdíʃvane]
expiração (f)	издишване (c)	[izdíʃvane]
expirar (vi)	издишам	[izdíʃam]
inspirar (vi)	направя вдишване	[naprávʲa vdíʃvane]
inválido (m)	инвалид (м)	[invalít]
aleijado (m)	сакат човек (м)	[sakát ʧovék]
toxicodependente (m)	наркоман (м)	[narkomán]
surdo	глух	[gluh]
mudo	ням	[nʲam]
surdo-mudo	глухоням	[gluhonʲám]
louco (adj.)	луд	[lut]
louco (m)	луд (м)	[lut]
louca (f)	луда (ж)	[lúda]
ficar louco	полудея	[poludéja]
gene (m)	ген (м)	[gen]
imunidade (f)	имунитет (м)	[imunitét]
hereditário	наследствен	[naslétstven]
congénito	вроден	[vrodén]

vírus (m)	вирус (м)	[vírus]
micróbio (m)	микроб (м)	[mikróp]
bactéria (f)	бактерия (ж)	[baktérija]
infeção (f)	инфекция (ж)	[inféktsija]

66. Sintomas. Tratamentos. Parte 3

| hospital (m) | болница (ж) | [bólnitsa] |
| paciente (m) | пациент (м) | [patsiént] |

diagnóstico (m)	диагноза (ж)	[diagnóza]
cura (f)	лекуване (c)	[lekúvane]
tratamento (m) médico	лекуване (c)	[lekúvane]
curar-se (vr)	лекувам се	[lekúvam se]
tratar (vt)	лекувам	[lekúvam]
cuidar (pessoa)	грижа се	[gríʒa se]
cuidados (m pl)	грижа (ж)	[gríʒa]

operação (f)	операция (ж)	[operátsija]
enfaixar (vt)	превържа	[prevérʒa]
enfaixamento (m)	превързване (c)	[prevérzvane]

vacinação (f)	ваксиниране (c)	[vaksinírane]
vacinar (vt)	ваксинирам	[vaksiníram]
injeção (f)	инжекция (ж)	[inʒéktsija]
dar uma injeção	инжектирам	[inʒektíram]

ataque (~ de asma, etc.)	пристъп, припáдък (м)	[prístəp], [pripadək]
amputação (f)	ампутация (ж)	[amputátsija]
amputar (vt)	ампутирам	[amputíram]
coma (f)	кома (ж)	[kóma]
estar em coma	намирам се в кома	[namíram se v kóma]
reanimação (f)	реанимация (ж)	[reanimátsija]

recuperar-se (vr)	оздравявам	[ozdravʲávam]
estado (~ de saúde)	състояние (c)	[səstojánie]
consciência (f)	съзнание (c)	[səznánie]
memória (f)	памет (ж)	[pámet]

tirar (vt)	вадя	[vádʲa]
chumbo (m), obturação (f)	пломба (ж)	[plómba]
chumbar, obturar (vt)	пломбирам	[plombíram]

| hipnose (f) | хипноза (ж) | [hipnóza] |
| hipnotizar (vt) | хипнотизирам | [hipnotizíram] |

67. Medicina. Drogas. Acessórios

medicamento (m)	лекарство (c)	[lekárstvo]
remédio (m)	средство (c)	[srétstvo]
receitar (vt)	предпиша	[pretpíʃa]
receita (f)	рецепта (ж)	[retsépta]

comprimido (m)	таблетка (ж)	[tablétka]
pomada (f)	мехлем (м)	[mehlém]
ampola (f)	ампула (ж)	[ampúla]
preparado (m)	микстура (ж)	[mikstúra]
xarope (m)	сироп (м)	[siróp]
cápsula (f)	хапче (с)	[háptʃe]
remédio (m) em pó	прах (м)	[prah]

ligadura (f)	бинт (м)	[bint]
algodão (m)	памук (м)	[pamúk]
iodo (m)	йод (м)	[jot]

penso (m) rápido	пластир (м)	[plastír]
conta-gotas (m)	капкомер (м)	[kapkomér]
termómetro (m)	термометър (м)	[termométər]
seringa (f)	спринцовка (ж)	[sprintsófka]

| cadeira (f) de rodas | инвалидна количка (ж) | [invalídna kolítʃka] |
| muletas (f pl) | патерици (ж мн) | [páteritsi] |

analgésico (m)	обезболяващо средство (с)	[obezbolʲávaʃto srétstvo]
laxante (m)	очистително (с)	[otʃistítelno]
álcool (m) etílico	спирт (м)	[spirt]
ervas (f pl) medicinais	билка (ж)	[bílka]
de ervas (chá ~)	билков	[bílkov]

APARTAMENTO

68. Apartamento

apartamento (m)	апартамент (м)	[apartamént]
quarto (m)	стая (ж)	[stája]
quarto (m) de dormir	спалня (ж)	[spáln¡a]
sala (f) de jantar	столова (ж)	[stolová]
sala (f) de estar	гостна (ж)	[góstna]
escritório (m)	кабинет (м)	[kabinét]
antessala (f)	антре (c)	[antré]
quarto (m) de banho	баня (ж)	[bán¡a]
toilette (lavabo)	тоалетна (ж)	[toalétna]
teto (m)	таван (м)	[taván]
chão, soalho (m)	под (м)	[pot]
canto (m)	ъгъл (м)	[ə́gəl]

69. Mobiliário. Interior

mobiliário (m)	мебели (мн)	[mébeli]
mesa (f)	маса (ж)	[mása]
cadeira (f)	стол (м)	[stol]
cama (f)	легло (c)	[legló]
divã (m)	диван (м)	[diván]
cadeirão (m)	фотьойл (м)	[fot¡ójl]
estante (f)	книжен шкаф (м)	[kníʒen ʃkaf]
prateleira (f)	рафт (м)	[raft]
guarda-vestidos (m)	гардероб (м)	[garderóp]
cabide (m) de parede	закачалка (ж)	[zakatʃálka]
cabide (m) de pé	закачалка (ж)	[zakatʃálka]
cómoda (f)	скрин (м)	[skrin]
mesinha (f) de centro	малка масичка (ж)	[málka másitʃka]
espelho (m)	огледало (c)	[ogledálo]
tapete (m)	килим (м)	[kilím]
tapete (m) pequeno	килимче (c)	[kilímtʃe]
lareira (f)	камина (ж)	[kamína]
vela (f)	свещ (м)	[sveʃt]
castiçal (m)	свещник (м)	[svéʃtnik]
cortinas (f pl)	пердета (c мн)	[perdéta]
papel (m) de parede	тапети (м мн)	[tapéti]

estores (f pl)	щора (ж)	[ʃtóra]
candeeiro (m) de mesa	лампа (ж) за маса	[lámpa za mása]
candeeiro (m) de parede	светилник (м)	[svetílnik]
candeeiro (m) de pé	лампион (м)	[lampión]
lustre (m)	полилей (м)	[poliléj]
pé (de mesa, etc.)	крак (м)	[krak]
braço (m)	подлакътник (м)	[podlákətnik]
costas (f pl)	облегалка (ж)	[oblegálka]
gaveta (f)	чекмедже (с)	[ʧekmedʒé]

70. Quarto de dormir

roupa (f) de cama	спално бельо (с)	[spálno belʲó]
almofada (f)	възглавница (ж)	[vəzglávnitsa]
fronha (f)	калъфка (ж)	[kaləfka]
cobertor (m)	одеяло (с)	[odejálo]
lençol (m)	чаршаф (м)	[ʧarʃáf]
colcha (f)	завивка (ж)	[zavífka]

71. Cozinha

cozinha (f)	кухня (ж)	[kúhnʲa]
gás (m)	газ (м)	[gas]
fogão (m) a gás	газова печка (ж)	[gázova péʧka]
fogão (m) elétrico	електрическа печка (ж)	[elektríʧeska péʧka]
forno (m)	фурна (ж)	[fúrna]
forno (m) de micro-ondas	микровълнова печка (ж)	[mikrovélnova péʧka]
frigorífico (m)	хладилник (м)	[hladílnik]
congelador (m)	фризер (м)	[frízer]
máquina (f) de lavar louça	съдомиялна машина (ж)	[sədomijálna maʃína]
moedor (m) de carne	месомелачка (ж)	[meso·meláʧka]
espremedor (m)	сокоизстисквачка (ж)	[soko·isstiskváʧka]
torradeira (f)	тостер (м)	[tóster]
batedeira (f)	миксер (м)	[míkser]
máquina (f) de café	кафеварка (ж)	[kafevárka]
cafeteira (f)	кафеник (м)	[kafeník]
moinho (m) de café	кафемелачка (ж)	[kafe·meláʧka]
chaleira (f)	чайник (м)	[ʧájnik]
bule (m)	чайник (м)	[ʧájnik]
tampa (f)	капачка (ж)	[kapáʧka]
coador (m) de chá	цедка (ж)	[tsétka]
colher (f)	лъжица (ж)	[ləʒítsa]
colher (f) de chá	чаена лъжица (ж)	[ʧáena ləʒítsa]
colher (f) de sopa	супена лъжица (ж)	[súpena ləʒítsa]
garfo (m)	вилица (ж)	[vílitsa]
faca (f)	нож (м)	[noʒ]

louça (f)	съдове (м мн)	[sédove]
prato (m)	чиния (ж)	[tʃiníja]
pires (m)	малка чинийка (ж)	[málka tʃiníjka]

cálice (m)	чашка (ж)	[tʃáʃka]
copo (m)	чаша (ж)	[tʃáʃa]
chávena (f)	чаша (ж)	[tʃáʃa]

açucareiro (m)	захарница (ж)	[zaharnítsa]
saleiro (m)	солница (ж)	[solnítsa]
pimenteiro (m)	пиперница (ж)	[pipérnitsa]
manteigueira (f)	съд (м) за краве масло	[set za kráve masló]

panela, caçarola (f)	тенджера (ж)	[téndʒera]
frigideira (f)	тиган (м)	[tigán]
concha (f)	черпак (м)	[tʃerpák]
passador (m)	гевгир (м)	[gevgír]
bandeja (f)	табла (ж)	[tábla]

garrafa (f)	бутилка (ж)	[butílka]
boião (m) de vidro	буркан (м)	[burkán]
lata (f)	тенекия (ж)	[tenekíja]

abre-garrafas (m)	отварачка (ж)	[otvarátʃka]
abre-latas (m)	отварачка (ж)	[otvarátʃka]
saca-rolhas (m)	тирбушон (м)	[tirbuʃón]
filtro (m)	филтър (м)	[fíltər]
filtrar (vt)	филтрирам	[filtríram]

| lixo (m) | боклук (м) | [boklúk] |
| balde (m) do lixo | кофа (ж) за боклук | [kófa za boklúk] |

72. Casa de banho

quarto (m) de banho	баня (ж)	[bánʲa]
água (f)	вода (ж)	[vodá]
torneira (f)	смесител (м)	[smesítel]
água (f) quente	топла вода (ж)	[tópla vodá]
água (f) fria	студена вода (ж)	[studéna vodá]

pasta (f) de dentes	паста (ж) за зъби	[pásta za zébi]
escovar os dentes	мия си зъбите	[míja si zébite]
escova (f) de dentes	четка (ж) за зъби	[tʃétka za zébi]

barbear-se (vr)	бръсна се	[brésna se]
espuma (f) de barbear	пяна (ж) за бръснене	[pʲána za brésnene]
máquina (f) de barbear	бръснач (м)	[brəsnátʃ]

lavar (vt)	мия	[míja]
lavar-se (vr)	мия се	[míja se]
duche (m)	душ (м)	[duʃ]
tomar um duche	вземам душ	[vzémam duʃ]
banheira (f)	вана (ж)	[vána]
sanita (f)	тоалетна чиния (ж)	[toalétna tʃiníja]

lavatório (m)	мивка (ж)	[mífka]
sabonete (m)	сапун (м)	[sapún]
saboneteira (f)	сапуниерка (ж)	[sapuniérka]

esponja (f)	гъба (ж)	[géba]
champô (m)	шампоан (м)	[ʃampoán]
toalha (f)	кърпа (ж)	[kérpa]
roupão (m) de banho	хавлиен халат (м)	[havlíen halát]

lavagem (f)	пране (с)	[prané]
máquina (f) de lavar	перална машина (ж)	[perálna maʃína]
lavar a roupa	пера	[perá]
detergente (m)	прах (м) за пране	[prah za prané]

73. Eletrodomésticos

televisor (m)	телевизор (м)	[televízor]
gravador (m)	касетофон (м)	[kasetofón]
videogravador (m)	видео (с)	[vídeo]
rádio (m)	радиоприемник (м)	[radio·priémnik]
leitor (m)	плейър (м)	[pléər]

projetor (m)	прожекционен апарат (м)	[proʒektsiónen aparát]
cinema (m) em casa	домашно кино (с)	[domáʃno kíno]
leitor (m) de DVD	DVD плейър (м)	[dividí pléər]
amplificador (m)	усилвател (м)	[usilvátel]
console (f) de jogos	игрова приставка (ж)	[igrová pristáfka]

câmara (f) de vídeo	видеокамера (ж)	[video·kámera]
máquina (f) fotográfica	фотоапарат (м)	[fotoaparát]
câmara (f) digital	цифров фотоапарат (м)	[tsífrov fotoaparát]

aspirador (m)	прахосмукачка (ж)	[praho·smukátʃka]
ferro (m) de engomar	ютия (ж)	[jutíja]
tábua (f) de engomar	дъска (ж) за гладене	[dəská za gládene]

telefone (m)	телефон (м)	[telefón]
telemóvel (m)	мобилен телефон (м)	[mobílen telefón]
máquina (f) de escrever	пишеща машинка (ж)	[píʃeʃta maʃínka]
máquina (f) de costura	шевна машина (ж)	[ʃévna maʃína]

microfone (m)	микрофон (м)	[mikrofón]
auscultadores (m pl)	слушалки (ж мн)	[sluʃálki]
controlo remoto (m)	пулт (м)	[pult]

CD (m)	CD диск (м)	[sidí disk]
cassete (f)	касета (ж)	[kaséta]
disco (m) de vinil	плоча (ж)	[plótʃa]

A TERRA. TEMPO

74. Espaço sideral

cosmos (m)	космос (м)	[kósmos]
cósmico	космически	[kosmítʃeski]
espaço (m) cósmico	космическо пространство (c)	[kosmítʃesko prostránstvo]
mundo (m)	свят (м)	[svʲat]
universo (m)	вселена (ж)	[fseléna]
galáxia (f)	галактика (ж)	[galáktika]
estrela (f)	звезда (ж)	[zvezdá]
constelação (f)	съзвездие (c)	[səzvézdie]
planeta (m)	планета (ж)	[planéta]
satélite (m)	спътник (м)	[spétnik]
meteorito (m)	метеорит (м)	[meteorít]
cometa (m)	комета (ж)	[kométa]
asteroide (m)	астероид (м)	[asteroít]
órbita (f)	орбита (ж)	[órbita]
girar (vi)	въртя се	[vərtʲá se]
atmosfera (f)	атмосфера (ж)	[atmosféra]
Sol (m)	Слънце	[sléntse]
Sistema (m) Solar	Слънчева система (ж)	[sléntʃeva sistéma]
eclipse (m) solar	слънчево затъмнение (c)	[sléntʃevo zatəmnénie]
Terra (f)	Земя	[zemʲá]
Lua (f)	Луна	[luná]
Marte (m)	Марс	[mars]
Vénus (f)	Венера	[venéra]
Júpiter (m)	Юпитер	[júpiter]
Saturno (m)	Сатурн	[satúrn]
Mercúrio (m)	Меркурий	[merkúrij]
Urano (m)	Уран	[urán]
Neptuno (m)	Нептун	[neptún]
Plutão (m)	Плутон	[plutón]
Via Láctea (f)	Млечен Път	[mlétʃen pət]
Ursa Maior (f)	Голяма Мечка	[golʲáma métʃka]
Estrela Polar (f)	Полярна Звезда	[polʲárna zvezdá]
marciano (m)	марсианец (м)	[marsiánets]
extraterrestre (m)	извънземен (м)	[izvənzémen]
alienígena (m)	пришелец (м)	[priʃeléts]

disco (m) voador	летяща чиния (ж)	[letʲáʃta ʧiníja]
nave (f) espacial	космически кораб (м)	[kosmíʧeski kórap]
estação (f) orbital	орбитална станция (ж)	[orbitálna stántsija]
lançamento (m)	старт (м)	[start]

motor (m)	двигател (м)	[dvigátel]
bocal (m)	дюза (ж)	[dʲúza]
combustível (m)	гориво (с)	[gorívo]

| cabine (f) | кабина (ж) | [kabína] |
| antena (f) | антена (ж) | [anténa] |

vigia (f)	илюминатор (м)	[ilʲuminátor]
bateria (f) solar	слънчева батерия (ж)	[slə́nʧeva batérija]
traje (m) espacial	скафандър (м)	[skafándər]

| imponderabilidade (f) | безтегловност (ж) | [besteglóvnost] |
| oxigénio (m) | кислород (м) | [kislorót] |

| acoplagem (f) | свързване (с) | [svérzvane] |
| fazer uma acoplagem | свързвам се | [svérzvam se] |

| observatório (m) | обсерватория (ж) | [opservatórija] |
| telescópio (m) | телескоп (м) | [teleskóp] |

| observar (vt) | наблюдавам | [nablʲudávam] |
| explorar (vt) | изследвам | [isslédvam] |

75. A Terra

Terra (f)	Земя (ж)	[zemʲá]
globo terrestre (Terra)	земно кълбо (с)	[zémno kəlbó]
planeta (m)	планета (ж)	[planéta]

atmosfera (f)	атмосфера (ж)	[atmosféra]
geografia (f)	география (ж)	[geográfija]
natureza (f)	природа (ж)	[priróda]

globo (mapa esférico)	глобус (м)	[glóbus]
mapa (m)	карта (ж)	[kárta]
atlas (m)	атлас (м)	[atlás]

| Europa (f) | Европа | [evrópa] |
| Ásia (f) | Азия | [ázija] |

| África (f) | Африка | [áfrika] |
| Austrália (f) | Австралия | [afstrálija] |

América (f)	Америка	[amérika]
América (f) do Norte	Северна Америка	[séverna amérika]
América (f) do Sul	Южна Америка	[júʒna amérika]

| Antártida (f) | Антарктида | [antarktída] |
| Ártico (m) | Арктика | [árktika] |

76. Pontos cardeais

norte (m)	север (м)	[séver]
para norte	на север	[na séver]
no norte	на север	[na séver]
do norte	северен	[séveren]
sul (m)	юг (м)	[juk]
para sul	на юг	[na juk]
no sul	на юг	[na juk]
do sul	южен	[júʒen]
oeste, ocidente (m)	запад (м)	[zápat]
para oeste	на запад	[na zápat]
no oeste	на запад	[na zápat]
ocidental	западен	[západen]
leste, oriente (m)	изток (м)	[ístok]
para leste	на изток	[na ístok]
no leste	на изток	[na ístok]
oriental	източен	[ístotʃen]

77. Mar. Oceano

mar (m)	море (с)	[moré]
oceano (m)	океан (м)	[okeán]
golfo (m)	залив (м)	[zálif]
estreito (m)	пролив (м)	[próliv]
continente (m)	материк (м)	[materík]
ilha (f)	остров (м)	[óstrov]
península (f)	полуостров (м)	[poluóstrov]
arquipélago (m)	архипелаг (м)	[arhipelák]
baía (f)	залив (м)	[zálif]
porto (m)	залив (м)	[zálif]
lagoa (f)	лагуна (ж)	[lagúna]
cabo (m)	нос (м)	[nos]
atol (m)	атол (м)	[atól]
recife (m)	риф (м)	[rif]
coral (m)	корал (м)	[korál]
recife (m) de coral	коралов риф (м)	[korálov rif]
profundo	дълбок	[dəlbók]
profundidade (f)	дълбочина (ж)	[dəlbotʃiná]
abismo (m)	бездна (ж)	[bézna]
fossa (f) oceânica	падина (ж)	[padiná]
corrente (f)	течение (с)	[tetʃénie]
banhar (vt)	мия	[míja]
litoral (m)	бряг (м)	[briak]
costa (f)	крайбрежие (с)	[krajbréʒie]

maré (f) alta	прилив (м)	[príliv]
refluxo (m), maré (f) baixa	отлив (м)	[ótliv]
restinga (f)	плитчина (ж)	[plitʧiná]
fundo (m)	дъно (с)	[déno]

onda (f)	вълна (ж)	[vəlná]
crista (f) da onda	гребен (м) на вълна	[grében na vəlná]
espuma (f)	пяна (ж)	[pʲána]

tempestade (f)	буря (ж)	[búrʲa]
furacão (m)	ураган (м)	[uragán]
tsunami (m)	цунами (с)	[tsunámi]
calmaria (f)	безветрие (с)	[bezvétrie]
calmo	спокоен	[spokóen]

| polo (m) | полюс (м) | [pólʲus] |
| polar | полярен | [polʲáren] |

latitude (f)	ширина (ж)	[ʃiriná]
longitude (f)	дължина (ж)	[dəlʒiná]
paralela (f)	паралел (ж)	[paralél]
equador (m)	екватор (м)	[ekvátor]

céu (m)	небе (с)	[nebé]
horizonte (m)	хоризонт (м)	[horizónt]
ar (m)	въздух (м)	[vézduh]

farol (m)	фар (м)	[far]
mergulhar (vi)	гмуркам се	[gmúrkam se]
afundar-se (vr)	потъна	[poténa]
tesouros (m pl)	съкровища (с мн)	[səkróviʃta]

78. Nomes de Mares e Oceanos

Oceano (m) Atlântico	Атлантически океан	[atlantíʧeski okeán]
Oceano (m) Índico	Индийски океан	[indíjski okeán]
Oceano (m) Pacífico	Тихи океан	[tíhi okeán]
Oceano (m) Ártico	Северен Ледовит океан	[séveren ledovít okeán]

Mar (m) Negro	Черно море	[ʧérno moré]
Mar (m) Vermelho	Червено море	[ʧervéno moré]
Mar (m) Amarelo	Жълто море	[ʒélto moré]
Mar (m) Branco	Бяло море	[bʲálo moré]

Mar (m) Cáspio	Каспийско море	[káspijsko moré]
Mar (m) Morto	Мъртво море	[mértvo moré]
Mar (m) Mediterrâneo	Средиземно море	[sredizémno moré]

| Mar (m) Egeu | Егейско море | [egéjsko moré] |
| Mar (m) Adriático | Адриатическо море | [adriatíʧesko moré] |

Mar (m) Arábico	Арабско море	[arápsko moré]
Mar (m) do Japão	Японско море	[japónsko moré]
Mar (m) de Bering	Берингово море	[beríngovo moré]

Mar (m) da China Meridional	Южнокитайско море	[juʒnokitájsko moré]
Mar (m) de Coral	Коралово море	[korálovo moré]
Mar (m) de Tasman	Тасманово море	[tasmánovo moré]
Mar (m) do Caribe	Карибско море	[karíbsko moré]
Mar (m) de Barents	Баренцово море	[baréntsovo moré]
Mar (m) de Kara	Карско море	[kársko moré]
Mar (m) do Norte	Северно море	[séverno moré]
Mar (m) Báltico	Балтийско море	[baltíjsko moré]
Mar (m) da Noruega	Норвежко море	[norvéʃko moré]

79. Montanhas

montanha (f)	планина (ж)	[planiná]
cordilheira (f)	планинска верига (ж)	[planínska veríga]
serra (f)	планински хребет (м)	[planínski hrebét]
cume (m)	връх (м)	[vrəh]
pico (m)	пик (м)	[pik]
sopé (m)	подножие (с)	[podnóʒie]
declive (m)	склон (м)	[sklon]
vulcão (m)	вулкан (м)	[vulkán]
vulcão (m) ativo	действащ вулкан (м)	[déjstvaʃt vulkán]
vulcão (m) extinto	изгаснал вулкан (м)	[izgásnal vulkán]
erupção (f)	изригване (с)	[izrígvane]
cratera (f)	кратер (м)	[kráter]
magma (m)	магма (ж)	[mágma]
lava (f)	лава (ж)	[láva]
fundido (lava ~a)	нажежен	[naʒeʒén]
desfiladeiro (m)	каньон (м)	[kanjón]
garganta (f)	дефиле (с)	[defilé]
fenda (f)	тясна клисура (ж)	[tʲásna klisúra]
precipício (m)	пропаст (ж)	[própast]
passo, colo (m)	превал (м)	[prevál]
planalto (m)	плато (с)	[pláto]
falésia (f)	скала (ж)	[skalá]
colina (f)	хълм (м)	[həlm]
glaciar (m)	ледник (м)	[lédnik]
queda (f) d'água	водопад (м)	[vodopát]
géiser (m)	гейзер (м)	[géjzer]
lago (m)	езеро (с)	[ézero]
planície (f)	равнина (ж)	[ravniná]
paisagem (f)	пейзаж (м)	[pejzáʒ]
eco (m)	ехо (с)	[ého]
alpinista (m)	алпинист (м)	[alpiníst]
escalador (m)	катерач (м)	[katerátʃ]

| conquistar (vt) | покорявам | [pokorʲávam] |
| subida, escalada (f) | възкачване (c) | [vəskátʃvane] |

80. Nomes de montanhas

Alpes (m pl)	Алпи	[álpi]
monte Branco (m)	Мон Блан	[mon blan]
Pirineus (m pl)	Пиринеи	[pirinéi]

Cárpatos (m pl)	Карпати	[karpáti]
montes (m pl) Urais	Урал	[urál]
Cáucaso (m)	Кавказ	[kafkáz]
Elbrus (m)	Елбрус	[elbrús]

Altai (m)	Алтай	[altáj]
Tian Shan (m)	Тяншан	[tʲanʃan]
Pamir (m)	Памир	[pamír]
Himalaias (m pl)	Ималаи	[himalái]
monte (m) Everest	Еверест	[everést]

| Cordilheira (f) dos Andes | Анди | [ándi] |
| Kilimanjaro (m) | Килиманджаро | [kilimandʒáro] |

81. Rios

rio (m)	река (ж)	[reká]
fonte, nascente (f)	извор (м)	[ízvor]
leito (m) do rio	корито (c)	[koríto]
bacia (f)	басейн (м)	[baséjn]
desaguar no ...	вливам се	[vlívam se]

| afluente (m) | приток (м) | [prítok] |
| margem (do rio) | бряг (м) | [brʲak] |

corrente (f)	течение (c)	[tetʃénie]
rio abaixo	надолу по течението	[nadólu po tetʃénieto]
rio acima	нагоре по течението	[nagóre po tetʃénieto]

inundação (f)	наводнение (c)	[navodnénie]
cheia (f)	пролетно пълноводие (c)	[prolétno pəlnovódie]
transbordar (vi)	разливам се	[razlívam se]
inundar (vt)	потопявам	[potopʲávam]

| banco (m) de areia | плитчина (ж) | [plittʃiná] |
| rápidos (m pl) | праг (м) | [prak] |

barragem (f)	яз (м)	[jaz]
canal (m)	канал (м)	[kanál]
reservatório (m) de água	водохранилище (c)	[vodohraníliʃte]
eclusa (f)	шлюз (м)	[ʃlʲuz]
corpo (m) de água	водоем (м)	[vodoém]
pântano (m)	блато (c)	[bláto]

tremedal (m)	тресавище (c)	[tresáviʃte]
remoinho (m)	водовъртеж (м)	[vodovərtéʒ]
arroio, regato (m)	ручей (м)	[rúʧej]
potável	питеен	[pitéen]
doce (água)	сладководен	[slatkovóden]
gelo (m)	лед (м)	[let]
congelar-se (vr)	замръзна	[zamrézna]

82. Nomes de rios

rio Sena (m)	Сена	[séna]
rio Loire (m)	Лоара	[loára]
rio Tamisa (m)	Темза	[témza]
rio Reno (m)	Рейн	[rejn]
rio Danúbio (m)	Дунав	[dúnav]
rio Volga (m)	Волга	[vólga]
rio Don (m)	Дон	[don]
rio Lena (m)	Лена	[léna]
rio Amarelo (m)	Хуанхъ	[huanhé]
rio Yangtzé (m)	Яндзъ	[jandzé]
rio Mekong (m)	Меконг	[mekónk]
rio Ganges (m)	Ганг	[gang]
rio Nilo (m)	Нил	[nil]
rio Congo (m)	Конго	[kóngo]
rio Cubango (m)	Окаванго	[okavángo]
rio Zambeze (m)	Замбези	[zambézi]
rio Limpopo (m)	Лимпопо	[limpopó]
rio Mississípi (m)	Мисисипи	[misisípi]

83. Floresta

floresta (f), bosque (m)	гора (ж)	[gorá]
florestal	горски	[górski]
mata (f) cerrada	гъсталак (м)	[gəstalák]
arvoredo (m)	горичка (ж)	[gorítʃka]
clareira (f)	поляна (ж)	[polʲána]
matagal (m)	гъсталак (м)	[gəstalák]
mato (m)	храсталак (м)	[hrastalák]
vereda (f)	пътечка (ж)	[pətétʃka]
ravina (f)	овраг (м)	[ovrák]
árvore (f)	дърво (c)	[dərvó]
folha (f)	лист (м)	[list]

folhagem (f)	шума (ж)	[ʃúma]
queda (f) das folhas	листопад (м)	[listopát]
cair (vi)	опадвам	[opádvam]
topo (m)	връх (м)	[vrəh]

ramo (m)	клонка (м)	[klónka]
galho (m)	дебел клон (м)	[debél klon]
botão, rebento (m)	пъпка (ж)	[pépka]
agulha (f)	игла (ж)	[iglá]
pinha (f)	шишарка (ж)	[ʃiʃárka]

buraco (m) de árvore	хралупа (ж)	[hralúpa]
ninho (m)	гнездо (с)	[gnezdó]
toca (f)	дупка (ж)	[dúpka]

tronco (m)	стъбло (с)	[stəbló]
raiz (f)	корен (м)	[kóren]
casca (f) de árvore	кора (ж)	[korá]
musgo (m)	мъх (м)	[məh]

arrancar pela raiz	изкоренявам	[izkorenʲávam]
cortar (vt)	сека	[seká]
desflorestar (vt)	изсичам	[issítʃam]
toco, cepo (m)	пън (м)	[pən]

fogueira (f)	клада (ж)	[kláda]
incêndio (m) florestal	пожар (м)	[poʒár]
apagar (vt)	загасявам	[zagasʲávam]

guarda-florestal (m)	горски пазач (м)	[górski pazátʃ]
proteção (f)	опазване (с)	[opázvane]
proteger (a natureza)	опазвам	[opázvam]
caçador (m) furtivo	бракониер (м)	[brakoniér]
armadilha (f)	капан (м)	[kapán]

colher (cogumelos, bagas)	събирам	[səbíram]
perder-se (vr)	загубя се	[zagúbʲa se]

84. Recursos naturais

recursos (m pl) naturais	природни ресурси (м мн)	[priródni resúrsi]
minerais (m pl)	полезни изкопаеми (с мн)	[polézni iskopáemi]
depósitos (m pl)	залежи (мн)	[zaléʒi]
jazida (f)	находище (с)	[nahódiʃte]

extrair (vt)	добивам	[dobívam]
extração (f)	добиване (с)	[dobívane]
minério (m)	руда (ж)	[rudá]
mina (f)	рудник (м)	[rúdnik]
poço (m) de mina	шахта (ж)	[ʃáhta]
mineiro (m)	миньор (м)	[minʲór]

gás (m)	газ (м)	[gas]
gasoduto (m)	газопровод (м)	[gazoprovót]

petróleo (m)	нефт (м)	[neft]
oleoduto (m)	нефтопровод (м)	[neftoprovót]
poço (m) de petróleo	нефтена кула (ж)	[néftena kúla]
torre (f) petrolífera	сондажна кула (ж)	[sondáʒna kúla]
petroleiro (m)	танкер (м)	[tánker]

areia (f)	пясък (м)	[pʲásək]
calcário (m)	варовик (м)	[varóvik]
cascalho (m)	дребен чакъл (м)	[drében ʧakél]
turfa (f)	торф (м)	[torf]
argila (f)	глина (ж)	[glína]
carvão (m)	въглища (мн)	[végliʃta]

ferro (m)	желязо (с)	[ʒelʲázo]
ouro (m)	злато (с)	[zláto]
prata (f)	сребро (с)	[srebró]
níquel (m)	никел (м)	[níkel]
cobre (m)	мед (ж)	[met]

zinco (m)	цинк (м)	[tsink]
manganês (m)	манган (м)	[mangán]
mercúrio (m)	живак (м)	[ʒivák]
chumbo (m)	олово (с)	[olóvo]

mineral (m)	минерал (м)	[minerál]
cristal (m)	кристал (м)	[kristál]
mármore (m)	мрамор (м)	[mrámor]
urânio (m)	уран (м)	[urán]

85. Tempo

tempo (m)	време (с)	[vréme]
previsão (f) do tempo	прогноза (ж) за времето	[prognóza za vrémeto]
temperatura (f)	температура (ж)	[temperatúra]
termómetro (m)	термометър (м)	[termométər]
barómetro (m)	барометър (м)	[barométər]

húmido	влажен	[vláʒen]
humidade (f)	влажност (ж)	[vláʒnost]
calor (m)	пек (м)	[pek]
cálido	горещ	[goréʃt]
está muito calor	горещо	[goréʃto]

está calor	топло	[tóplo]
quente	топъл	[tópəl]

está frio	студено	[studéno]
frio	студен	[studén]

sol (m)	слънце (с)	[sléntse]
brilhar (vi)	грея	[gréja]
de sol, ensolarado	слънчев	[sléntʃev]
nascer (vi)	изгрея	[izgréja]
pôr-se (vr)	заляза	[zalʲáza]

83

nuvem (f)	облак (м)	[óblak]
nublado	облачен	[óblatʃen]
nuvem (f) preta	голям облак (м)	[golʲám óblak]
escuro, cinzento	навъсен	[navésen]

chuva (f)	дъжд (м)	[dəʒt]
está a chover	вали дъжд	[valí dəʒt]
chuvoso	дъждовен	[dəʒdóven]
chuviscar (vi)	ръмя	[rəmʲá]

chuva (f) torrencial	пороен дъжд (м)	[poróen dəʒt]
chuvada (f)	порой (м)	[porój]
forte (chuva)	силен	[sílen]
poça (f)	локва (ж)	[lókva]
molhar-se (vr)	намокря се	[namókrʲa se]

nevoeiro (m)	мъгла (ж)	[məglá]
de nevoeiro	мъглив	[məglíf]
neve (f)	сняг (м)	[snʲak]
está a nevar	вали сняг	[valí snʲak]

86. Tempo extremo. Catástrofes naturais

trovoada (f)	гръмотевична буря (ж)	[grəmotévitʃna búrʲa]
relâmpago (m)	мълния (ж)	[mélnija]
relampejar (vi)	блясвам	[blʲásvam]

trovão (m)	гръм (м)	[grəm]
trovejar (vi)	гърмя	[gərmʲá]
está a trovejar	гърми	[gərmí]

granizo (m)	градушка (ж)	[gradúʃka]
está a cair granizo	пада градушка	[páda gradúʃka]

inundar (vt)	потопя	[potopʲá]
inundação (f)	наводнение (c)	[navodnénie]

terremoto (m)	земетресение (c)	[zemetresénie]
abalo, tremor (m)	трус (м)	[trus]
epicentro (m)	епицентър (м)	[episéntər]

erupção (f)	изригване (c)	[izrígvane]
lava (f)	лава (ж)	[láva]

turbilhão, tornado (m)	торнадо (c)	[tornádo]
tufão (m)	тайфун (м)	[tajfún]

furacão (m)	ураган (м)	[uragán]
tempestade (f)	буря (ж)	[búrʲa]
tsunami (m)	цунами (c)	[tsunámi]

ciclone (m)	циклон (м)	[tsiklón]
mau tempo (m)	лошо време (c)	[lóʃo vréme]
incêndio (m)	пожар (м)	[poʒár]

| catástrofe (f) | катастрофа (ж) | [katastrófa] |
| meteorito (m) | метеорит (м) | [meteorít] |

avalanche (f)	лавина (ж)	[lavína]
deslizamento (m) de neve	лавина (ж)	[lavína]
nevasca (f)	виелица (ж)	[viélitsa]
tempestade (f) de neve	снежна буря (ж)	[snéɜna búrʲa]

FAUNA

87. Mamíferos. Predadores

predador (m)	хищник (м)	[híʃtnik]
tigre (m)	тигър (м)	[tígər]
leão (m)	лъв (м)	[ləv]
lobo (m)	вълк (м)	[vəlk]
raposa (f)	лисица (ж)	[lisítsa]
jaguar (m)	ягуар (м)	[jaguár]
leopardo (m)	леопард (м)	[leopárt]
chita (f)	гепард (м)	[gepárt]
pantera (f)	пантера (ж)	[pantéra]
puma (m)	пума (ж)	[púma]
leopardo-das-neves (m)	снежен барс (м)	[snéʒen bars]
lince (m)	рис (м)	[ris]
coiote (m)	койот (м)	[kojót]
chacal (m)	чакал (м)	[tʃakál]
hiena (f)	хиена (ж)	[hiéna]

88. Animais selvagens

animal (m)	животно (с)	[ʒivótno]
besta (f)	звяр (м)	[zvʲar]
esquilo (m)	катерица (ж)	[káteritsa]
ouriço (m)	таралеж (м)	[taraléʒ]
lebre (f)	заек (м)	[záek]
coelho (m)	питомен заек (м)	[pítomen záek]
texugo (m)	язовец (м)	[jázovets]
guaxinim (m)	енот (м)	[enót]
hamster (m)	хамстер (м)	[hámster]
marmota (f)	мармот (м)	[marmót]
toupeira (f)	къртица (ж)	[kərtítsa]
rato (m)	мишка (ж)	[míʃka]
ratazana (f)	плъх (м)	[pləh]
morcego (m)	прилеп (м)	[prílep]
arminho (m)	хермелин (м)	[hermelín]
zibelina (f)	самур (м)	[samúr]
marta (f)	бялка (ж)	[bʲálka]
doninha (f)	невестулка (ж)	[nevestúlka]
vison (m)	норка (ж)	[nórka]

| castor (m) | бобър (м) | [bóbər] |
| lontra (f) | видра (ж) | [vídra] |

cavalo (m)	кон (м)	[kon]
alce (m)	лос (м)	[los]
veado (m)	елен (м)	[elén]
camelo (m)	камила (ж)	[kamíla]

bisão (m)	бизон (м)	[bizón]
auroque (m)	зубър (м)	[zúbər]
búfalo (m)	бивол (м)	[bívol]

zebra (f)	зебра (ж)	[zébra]
antílope (m)	антилопа (ж)	[antilópa]
corça (f)	сърна (ж)	[sərná]
gamo (m)	лопатар (м)	[lopatár]
camurça (f)	сърна (ж)	[sərná]
javali (m)	глиган (м)	[gligán]

baleia (f)	кит (м)	[kit]
foca (f)	тюлен (м)	[tʲulén]
morsa (f)	морж (м)	[morʒ]
urso-marinho (m)	морска котка (ж)	[mórska kótka]
golfinho (m)	делфин (м)	[delfín]

urso (m)	мечка (ж)	[métʃka]
urso (m) branco	бяла мечка (ж)	[bʲála métʃka]
panda (m)	панда (ж)	[pánda]

macaco (em geral)	маймуна (ж)	[majmúna]
chimpanzé (m)	шимпанзе (с)	[ʃimpanzé]
orangotango (m)	орангутан (м)	[orangután]
gorila (m)	горила (ж)	[goríla]
macaco (m)	макак (м)	[makák]
gibão (m)	гибон (м)	[gibón]

elefante (m)	слон (м)	[slon]
rinoceronte (m)	носорог (м)	[nosorók]
girafa (f)	жираф (м)	[ʒiráf]
hipopótamo (m)	хипопотам (м)	[hipopotám]

| canguru (m) | кенгуру (с) | [kénguru] |
| coala (m) | коала (ж) | [koála] |

mangusto (m)	мангуста (ж)	[mangústa]
chinchila (m)	чинчила (ж)	[tʃintʃíla]
doninha-fedorenta (f)	скунс (м)	[skuns]
porco-espinho (m)	бодливец (м)	[bodlívets]

89. Animais domésticos

gata (f)	котка (ж)	[kótka]
gato (m) macho	котарак (м)	[kotarák]
cavalo (m)	кон (м)	[kon]

| garanhão (m) | жребец (м) | [ʒrebéts] |
| égua (f) | кобила (ж) | [kobíla] |

vaca (f)	крава (ж)	[kráva]
touro (m)	бик (м)	[bik]
boi (m)	вол (м)	[vol]

ovelha (f)	овца (ж)	[ovtsá]
carneiro (m)	овен (м)	[ovén]
cabra (f)	коза (ж)	[kozá]
bode (m)	козел (м)	[kozél]

| burro (m) | магаре (с) | [magáre] |
| mula (f) | муле (с) | [múle] |

porco (m)	свиня (ж)	[svinʲá]
leitão (m)	прасе (с)	[prasé]
coelho (m)	питомен заек (м)	[pítomen záek]

| galinha (f) | кокошка (ж) | [kokóʃka] |
| galo (m) | петел (м) | [petél] |

pata (f)	патица (ж)	[pátitsa]
pato (macho)	паток (м)	[patók]
ganso (m)	гъсок (м)	[gəsók]

| peru (m) | пуяк (м) | [pújak] |
| perua (f) | пуйка (ж) | [pújka] |

animais (m pl) domésticos	домашни животни (с мн)	[domáʃni ʒivótni]
domesticado	питомен	[pítomen]
domesticar (vt)	опитомявам	[opitomʲávam]
criar (vt)	отглеждам	[otgléʒdam]

quinta (f)	ферма (ж)	[férma]
aves (f pl) domésticas	домашна птица (ж)	[domáʃna ptítsa]
gado (m)	добитък (м)	[dobítək]
rebanho (m), manada (f)	стадо (с)	[stádo]

estábulo (m)	обор (м)	[obór]
pocilga (f)	кочина (ж)	[kótʃina]
estábulo (m)	краварник (м)	[kravárnik]
coelheira (f)	зайчарник (м)	[zajtʃárnik]
galinheiro (m)	курник (м)	[kúrnik]

90. Pássaros

pássaro (m), ave (f)	птица (ж)	[ptítsa]
pombo (m)	гълъб (м)	[géləp]
pardal (m)	врабче (с)	[vrabtʃé]
chapim-real (m)	синигер (м)	[sinigér]
pega-rabuda (f)	сврака (ж)	[svráka]
corvo (m)	гарван (м)	[gárvan]
gralha (f) cinzenta	врана (ж)	[vrána]

| gralha-de-nuca-cinzenta (f) | гарга (ж) | [gárga] |
| gralha-calva (f) | полски гарван (м) | [pólski gárvan] |

pato (m)	патица (ж)	[pátitsa]
ganso (m)	гъсок (м)	[gǝsók]
faisão (m)	фазан (м)	[fazán]

águia (f)	орел (м)	[orél]
açor (m)	ястреб (м)	[jástrep]
falcão (m)	сокол (м)	[sokól]
abutre (m)	гриф (м)	[grif]
condor (m)	кондор (м)	[kondór]

cisne (m)	лебед (м)	[lébet]
grou (m)	жерав (м)	[ʒérav]
cegonha (f)	щъркел (м)	[ʃtǝrkel]

papagaio (m)	папагал (м)	[papagál]
beija-flor (m)	колибри (с)	[kolíbri]
pavão (m)	паун (м)	[paún]

avestruz (m)	щраус (м)	[ʃtráus]
garça (f)	чапла (ж)	[ʧápla]
flamingo (m)	фламинго (с)	[flamíngo]
pelicano (m)	пеликан (м)	[pelikán]

| rouxinol (m) | славей (м) | [slávej] |
| andorinha (f) | лястовица (ж) | [lʲástovitsa] |

tordo-zornal (m)	дрозд (м)	[drozd]
tordo-músico (m)	поен дрозд (м)	[póen drozd]
melro-preto (m)	кос, черен дрозд (м)	[kos], [ʧéren drozd]

andorinhão (m)	бързолет (м)	[bǝrzolét]
cotovia (f)	чучулига (ж)	[ʧuʧulíga]
codorna (f)	пъдпъдък (м)	[pǝdpǝdék]

pica-pau (m)	кълвач (м)	[kǝlváʧ]
cuco (m)	кукувица (ж)	[kúkuvitsa]
coruja (f)	сова (ж)	[sóva]
corujão, bufo (m)	бухал (м)	[búhal]
tetraz-grande (m)	глухар (м)	[gluhár]

| tetraz-lira (m) | тетрев (м) | [tétrev] |
| perdiz-cinzenta (f) | яребица (ж) | [járebitsa] |

estorninho (m)	скорец (м)	[skoréts]
canário (m)	канарче (с)	[kanárʧe]
galinha-do-mato (f)	лещарка (ж)	[leʃtárka]

| tentilhão (m) | чинка (ж) | [ʧínka] |
| dom-fafe (m) | червенушка (ж) | [ʧervenúʃka] |

gaivota (f)	чайка (ж)	[ʧájka]
albatroz (m)	албатрос (м)	[albatrós]
pinguim (m)	пингвин (м)	[pingvín]

91. Peixes. Animais marinhos

brema (f)	платика (ж)	[platíka]
carpa (f)	шаран (м)	[ʃarán]
perca (f)	костур (м)	[kostúr]
siluro (m)	сом (м)	[som]
lúcio (m)	щука (ж)	[ʃtúka]
salmão (m)	сьомга (ж)	[sʲómga]
esturjão (m)	есетра (ж)	[esétra]
arenque (m)	селда (ж)	[sélda]
salmão (m)	сьомга (ж)	[sʲómga]
cavala, sarda (f)	скумрия (ж)	[skumríja]
solha (f)	калкан (м)	[kalkán]
lúcio perca (m)	бяла риба (ж)	[bʲála ríba]
bacalhau (m)	треска (ж)	[tréska]
atum (m)	риба тон (м)	[ríba ton]
truta (f)	пъстърва (ж)	[pəstérva]
enguia (f)	змиорка (ж)	[zmiórka]
raia elétrica (f)	електрически скат (м)	[elektrítʃeski skat]
moreia (f)	мурена (ж)	[muréna]
piranha (f)	пираня (ж)	[piránʲa]
tubarão (m)	акула (ж)	[akúla]
golfinho (m)	делфин (м)	[delfín]
baleia (f)	кит (м)	[kit]
caranguejo (m)	морски рак (м)	[mórski rak]
medusa, alforreca (f)	медуза (ж)	[medúza]
polvo (m)	октопод (м)	[oktopót]
estrela-do-mar (f)	морска звезда (ж)	[mórska zvezdá]
ouriço-do-mar (m)	морски таралеж (м)	[mórski taraléʒ]
cavalo-marinho (m)	морско конче (c)	[mórsko kóntʃe]
ostra (f)	стрида (ж)	[strída]
camarão (m)	скарида (ж)	[skarída]
lavagante (m)	омар (м)	[omár]
lagosta (f)	лангуста (ж)	[langústa]

92. Amfíbios. Répteis

serpente, cobra (f)	змия (ж)	[zmijá]
venenoso	отровен	[otróven]
víbora (f)	усойница (ж)	[usójnitsa]
cobra-capelo, naja (f)	кобра (ж)	[kóbra]
pitão (m)	питон (м)	[pitón]
jiboia (f)	боа (ж)	[boá]
cobra-de-água (f)	смок (м)	[smok]

| cascavel (f) | гърмяща змия (ж) | [gərmʲáʃta zmijá] |
| anaconda (f) | анаконда (ж) | [anakónda] |

lagarto (m)	гущер (м)	[gúʃter]
iguana (f)	игуана (ж)	[iguána]
varano (m)	варан (м)	[varán]
salamandra (f)	саламандър (м)	[salamándər]
camaleão (m)	хамелеон (м)	[hameleón]
escorpião (m)	скорпион (м)	[skorpión]

tartaruga (f)	костенурка (ж)	[kostenúrka]
rã (f)	водна жаба (ж)	[vódna ʒába]
sapo (m)	жаба (ж)	[ʒába]
crocodilo (m)	крокодил (м)	[krokodíl]

93. Insetos

inseto (m)	насекомо (с)	[nasekómo]
borboleta (f)	пеперуда (ж)	[peperúda]
formiga (f)	мравка (ж)	[mráfka]
mosca (f)	муха (ж)	[muhá]
mosquito (m)	комар (м)	[komár]
escaravelho (m)	бръмбар (м)	[brémbar]

vespa (f)	оса (ж)	[osá]
abelha (f)	пчела (ж)	[ptʃelá]
mamangava (f)	земна пчела (ж)	[zémna ptʃelá]
moscardo (m)	щръклица (ж), овод (м)	[ʃtréklitsa], [óvot]

| aranha (f) | паяк (м) | [pájak] |
| teia (f) de aranha | паяжина (ж) | [pájaʒina] |

libélula (f)	водно конче (с)	[vódno kóntʃe]
gafanhoto-do-campo (m)	скакалец (м)	[skakaléts]
traça (f)	нощна пеперуда (ж)	[nóʃtna peperúda]

barata (f)	хлебарка (ж)	[hlebárka]
carraça (f)	кърлеж (м)	[kérleʃ]
pulga (f)	бълха (ж)	[bəlhá]
borrachudo (m)	мушица (ж)	[muʃítsa]

gafanhoto (m)	прелетен скакалец (м)	[préleten skakaléts]
caracol (m)	охлюв (м)	[óhlʲuf]
grilo (m)	щурец (м)	[ʃturéts]
pirilampo (m)	светулка (ж)	[svetúlka]
joaninha (f)	калинка (ж)	[kalínka]
besouro (m)	майски бръмбар (м)	[májski brémbar]

sanguessuga (f)	пиявица (ж)	[pijávitsa]
lagarta (f)	гъсеница (ж)	[gəsénitsa]
minhoca (f)	червей (м)	[tʃérvej]
larva (f)	буба (ж)	[búba]

FLORA

94. Árvores

árvore (f)	дърво (c)	[dərvó]
decídua	широколистно	[ʃirokolístno]
conífera	иглолистно	[iglolístno]
perene	вечнозелено	[vetʃnozeléno]
macieira (f)	ябълка (ж)	[jábəlka]
pereira (f)	круша (ж)	[krúʃa]
cerejeira (f)	череша (ж)	[ʧeréʃa]
ginjeira (f)	вишна (ж)	[víʃna]
ameixeira (f)	слива (ж)	[slíva]
bétula (f)	бреза (ж)	[brezá]
carvalho (m)	дъб (м)	[dəp]
tília (f)	липа (ж)	[lipá]
choupo-tremedor (m)	трепетлика (ж)	[trepetlíka]
bordo (m)	клен (м)	[klen]
espruce-europeu (m)	ела (ж)	[elá]
pinheiro (m)	бор (м)	[bor]
alerce, lariço (m)	лиственица (ж)	[lístvenitsa]
abeto (m)	бяла ела (ж)	[bʲála elá]
cedro (m)	кедър (м)	[kédər]
choupo, álamo (m)	топола (ж)	[topóla]
tramazeira (f)	офика (ж)	[ofíka]
salgueiro (m)	върба (ж)	[vərbá]
amieiro (m)	елша (ж)	[elʃá]
faia (f)	бук (м)	[buk]
ulmeiro (m)	бряст (м)	[brʲast]
freixo (m)	ясен (м)	[jásen]
castanheiro (m)	кестен (м)	[késten]
magnólia (f)	магнолия (ж)	[magnólija]
palmeira (f)	палма (ж)	[pálma]
cipreste (m)	кипарис (м)	[kiparís]
mangue (m)	мангрово дърво (c)	[mangrovo dərvó]
embondeiro, baobá (m)	баобаб (м)	[baobáp]
eucalipto (m)	евкалипт (м)	[efkalípt]
sequoia (f)	секвоя (ж)	[sekvója]

95. Arbustos

arbusto (m)	храст (м)	[hrast]
arbusto (m), moita (f)	храсталак (м)	[hrastalák]

| videira (f) | грозде (c) | [grózde] |
| vinhedo (m) | лозе (c) | [lóze] |

framboeseira (f)	малина (ж)	[malína]
groselheira-preta (f)	черно френско грозде (c)	[ʧérno frénsko grózde]
groselheira-vermelha (f)	червено френско грозде (c)	[ʧervéno frénsko grózde]
groselheira (f) espinhosa	цариградско грозде (c)	[tsarigrátsko grózde]

acácia (f)	акация (ж)	[akátsija]
bérberis (f)	кисел трън (м)	[kísel trən]
jasmim (m)	жасмин (м)	[ʒasmín]

junípero (m)	хвойна, смрика (ж)	[hvójna], [smríka]
roseira (f)	розов храст (м)	[rózov hrast]
roseira (f) brava	шипка (ж)	[ʃípka]

96. Frutos. Bagas

fruta (f)	плод (м)	[plot]
frutas (f pl)	плодове (м мн)	[plodové]
maçã (f)	ябълка (ж)	[jábəlka]
pera (f)	круша (ж)	[krúʃa]
ameixa (f)	слива (ж)	[slíva]

morango (m)	ягода (ж)	[jágoda]
ginja (f)	вишна (ж)	[víʃna]
cereja (f)	череша (ж)	[ʧeréʃa]
uva (f)	грозде (c)	[grózde]

framboesa (f)	малина (ж)	[malína]
groselha (f) preta	черно френско грозде (c)	[ʧérno frénsko grózde]
groselha (f) vermelha	червено френско грозде (c)	[ʧervéno frénsko grózde]
groselha (f) espinhosa	цариградско грозде (c)	[tsarigrátsko grózde]
oxicoco (m)	клюква (ж)	[klʲúkva]

laranja (f)	портокал (м)	[portokál]
tangerina (f)	мандарина (ж)	[mandarína]
ananás (m)	ананас (м)	[ananás]
banana (f)	банан (м)	[banán]
tâmara (f)	фурма (ж)	[furmá]

limão (m)	лимон (м)	[limón]
damasco (m)	кайсия (ж)	[kajsíja]
pêssego (m)	праскова (ж)	[práskova]
kiwi (m)	киви (c)	[kívi]
toranja (f)	грейпфрут (м)	[gréjpfrut]

baga (f)	горски плод (м)	[górski plot]
bagas (f pl)	горски плодове (м мн)	[górski plodové]
arando (m) vermelho	червена боровинка (ж)	[ʧervéna borovínka]
morango-silvestre (m)	горска ягода (ж)	[górska jágoda]
mirtilo (m)	черна боровинка (ж)	[ʧérna borovínka]

97. Flores. Plantas

| flor (f) | цвете (c) | [tsvéte] |
| ramo (m) de flores | букет (м) | [bukét] |

rosa (f)	роза (ж)	[róza]
tulipa (f)	лале (c)	[lalé]
cravo (m)	карамфил (м)	[karamfíl]
gladíolo (m)	гладиола (ж)	[gladióla]

centáurea (f)	метличина (ж)	[metlitʃína]
campânula (f)	камбанка (ж)	[kambánka]
dente-de-leão (m)	глухарче (c)	[gluhártʃe]
camomila (f)	лайка (ж)	[lájka]

aloé (m)	алое (c)	[alóe]
cato (m)	кактус (м)	[káktus]
fícus (m)	фикус (м)	[fíkus]

lírio (m)	лилиум (м)	[lílium]
gerânio (m)	мушкато (c)	[muʃkáto]
jacinto (m)	зюмбюл (м)	[zʲúmbʲúl]

mimosa (f)	мимоза (ж)	[mimóza]
narciso (m)	нарцис (м)	[nartsís]
capuchinha (f)	латинка (ж)	[latínka]

orquídea (f)	орхидея (ж)	[orhidéja]
peónia (f)	божур (м)	[boʒúr]
violeta (f)	теменуга (ж)	[temenúga]

amor-perfeito (m)	трицветна теменуга (ж)	[tritsvétna temenúga]
não-me-esqueças (m)	незабравка (ж)	[nezabráfka]
margarida (f)	маргаритка (ж)	[margarítka]

papoula (f)	мак (м)	[mak]
cânhamo (m)	коноп (м)	[konóp]
hortelã (f)	мента (ж)	[ménta]

| lírio-do-vale (m) | момина сълза (ж) | [mómina səlzá] |
| campânula-branca (f) | кокиче (c) | [kokítʃe] |

urtiga (f)	коприва (ж)	[kopríva]
azeda (f)	киселец (м)	[kíselets]
nenúfar (m)	водна лилия (ж)	[vódna lílija]
feto (m), samambaia (f)	папрат (м)	[páprat]
líquen (m)	лишей (м)	[líʃej]

estufa (f)	оранжерия (ж)	[oranʒérija]
relvado (m)	тревна площ (ж)	[trévna ploʃt]
canteiro (m) de flores	цветна леха (ж)	[tsvétna lehá]

planta (f)	растение (c)	[rasténie]
erva (f)	трева (ж)	[trevá]
folha (f) de erva	тревичка (ж)	[trevítʃka]

folha (f)	лист (м)	[list]
pétala (f)	венчелистче (c)	[vent͡ʃelíst͡ʃe]
talo (m)	стъбло (c)	[stəbló]
tubérculo (m)	грудка (ж)	[grútka]

| broto, rebento (m) | кълн (м) | [kəln] |
| espinho (m) | бодил (м) | [bodíl] |

florescer (vi)	цъфтя	[tsəftʲá]
murchar (vi)	увяхвам	[uvʲáhvam]
cheiro (m)	мирис (м)	[míris]
cortar (flores)	отрежа	[otréʒa]
colher (uma flor)	откъсна	[otkésna]

98. Cereais, grãos

grão (m)	зърно (c)	[zérno]
cereais (plantas)	житни култури (ж мн)	[ʒítni kultúri]
espiga (f)	клас (м)	[klas]

trigo (m)	пшеница (ж)	[pʃenítsa]
centeio (m)	ръж (ж)	[rəʒ]
aveia (f)	овес (м)	[ovés]
milho-miúdo (m)	просо (c)	[prosó]
cevada (f)	ечемик (м)	[et͡ʃemík]

milho (m)	царевица (ж)	[tsárevitsa]
arroz (m)	ориз (м)	[oríz]
trigo-sarraceno (m)	елда (ж)	[élda]

ervilha (f)	грах (м)	[grah]
feijão (m)	фасул (м)	[fasúl]
soja (f)	соя (ж)	[sója]
lentilha (f)	леща (ж)	[léʃta]
fava (f)	боб (м)	[bop]

PAÍSES DO MUNDO

99. Países. Parte 1

Afeganistão (m)	Афганистан	[afganistán]
África do Sul (f)	Южноафриканска република	[juȝno·afrikánska repúblika]
Albânia (f)	Албания	[albánija]
Alemanha (f)	Германия	[germánija]
Arábia (f) Saudita	Саудитска Арабия	[saudítska arábija]
Argentina (f)	Аржентина	[arȝentína]
Arménia (f)	Армения	[arménija]
Austrália (f)	Австралия	[afstrálija]
Áustria (f)	Австрия	[áfstrija]
Azerbaijão (m)	Азербайджан	[azerbajdȝán]
Bahamas (f pl)	Бахамски острови	[bahámski óstrovi]
Bangladesh (m)	Бангладеш	[bangladéʃ]
Bélgica (f)	Белгия	[bélgija]
Bielorrússia (f)	Беларус	[belarús]
Bolívia (f)	Боливия	[bolívija]
Bósnia e Herzegovina (f)	Босна и Херцеговина	[bósna i hertsegóvina]
Brasil (m)	Бразилия	[brazílija]
Bulgária (f)	България	[bəlgárija]
Camboja (f)	Камбоджа	[kambódȝa]
Canadá (m)	Канада	[kanáda]
Cazaquistão (m)	Казахстан	[kazahstán]
Chile (m)	Чили	[tʃíli]
China (f)	Китай	[kitáj]
Chipre (m)	Кипър	[kípər]
Colômbia (f)	Колумбия	[kolúmbija]
Coreia do Norte (f)	Северна Корея	[séverna koréja]
Coreia do Sul (f)	Южна Корея	[júȝna koréja]
Croácia (f)	Хърватия	[hərvátija]
Cuba (f)	Куба	[kúba]
Dinamarca (f)	Дания	[dánija]
Egito (m)	Египет	[egípet]
Emirados Árabes Unidos	Обединени арабски емирства	[obedinéni arápski emírstva]
Equador (m)	Еквадор	[ekvadór]
Escócia (f)	Шотландия	[ʃotlándija]
Eslováquia (f)	Словакия	[slovákija]
Eslovénia (f)	Словения	[slovénija]
Espanha (f)	Испания	[ispánija]
Estados Unidos da América	Съединени американски щати	[səedinéni amerikánski ʃtáti]

Estónia (f)	Естония	[estónija]
Finlândia (f)	Финландия	[finlándija]
França (f)	Франция	[frántsija]

100. Países. Parte 2

Gana (f)	Гана	[gána]
Geórgia (f)	Грузия	[grúzija]
Grã-Bretanha (f)	Великобритания	[velikobriténija]
Grécia (f)	Гърция	[gértsija]
Haiti (m)	Хаити	[haíti]
Hungria (f)	Унгария	[ungárija]
Índia (f)	Индия	[índija]

Indonésia (f)	Индонезия	[indonézija]
Inglaterra (f)	Англия	[ánglija]
Irão (m)	Иран	[irán]
Iraque (m)	Ирак	[irák]
Irlanda (f)	Ирландия	[irlándija]
Islândia (f)	Исландия	[islándija]
Israel (m)	Израел	[izráel]

Itália (f)	Италия	[itálija]
Jamaica (f)	Ямайка	[jamájka]
Japão (m)	Япония	[japónija]
Jordânia (f)	Йордания	[jordánija]
Kuwait (m)	Кувейт	[kuvéjt]
Laos (m)	Лаос	[laós]
Letónia (f)	Латвия	[látvija]

Líbano (m)	Ливан	[liván]
Líbia (f)	Либия	[líbija]
Liechtenstein (m)	Лихтенщайн	[líhtenʃtajn]
Lituânia (f)	Литва	[lítva]
Luxemburgo (m)	Люксембург	[lʲúksemburg]

| Macedónia (f) | Македония | [makedónija] |
| Madagáscar (m) | Мадагаскар | [madagaskár] |

Malásia (f)	Малайзия	[malájzija]
Malta (f)	Малта	[málta]
Marrocos	Мароко	[maróko]
México (m)	Мексико	[méksiko]
Myanmar (m), Birmânia (f)	Мянма	[mʲánma]

| Moldávia (f) | Молдова | [moldóva] |
| Mónaco (m) | Монако | [monáko] |

Mongólia (f)	Монголия	[mongólija]
Montenegro (m)	Черна гора	[ʧérna gorá]
Namíbia (f)	Намибия	[namíbija]
Nepal (m)	Непал	[nepál]
Noruega (f)	Норвегия	[norvégija]
Nova Zelândia (f)	Нова Зеландия	[nóva zelándija]

101. Países. Parte 3

Países (m pl) Baixos	Нидерландия	[niderlándija]
Palestina (f)	Палестинска автономия	[palestínska aftonómija]
Panamá (m)	Панама	[panáma]
Paquistão (m)	Пакистан	[pakistán]
Paraguai (m)	Парагвай	[paragváj]
Peru (m)	Перу	[perú]
Polinésia Francesa (f)	Френска Полинезия	[frénska polinézija]

Polónia (f)	Полша	[pólʃa]
Portugal (m)	Португалия	[portugálija]
Quénia (f)	Кения	[kénija]
Quirguistão (m)	Киргизстан	[kirgistán]
República (f) Checa	Чехия	[ʧéhija]
República (f) Dominicana	Доминиканска република	[dominikánska repúblika]
Roménia (f)	Румъния	[ruménija]

Rússia (f)	Русия	[rusíja]
Senegal (m)	Сенегал	[senegál]
Sérvia (f)	Сърбия	[sérbija]
Síria (f)	Сирия	[sírija]
Suécia (f)	Швеция	[ʃvétsija]
Suíça (f)	Швейцария	[ʃvejtsárija]
Suriname (m)	Суринам	[surinám]

Tailândia (f)	Тайланд	[tajlánt]
Taiwan (m)	Тайван	[tajván]
Tajiquistão (m)	Таджикистан	[tadʒikistán]
Tanzânia (f)	Танзания	[tanzánija]
Tasmânia (f)	Тасмания	[tasmánija]
Tunísia (f)	Тунис	[túnis]
Turquemenistão (m)	Туркменистан	[turkmenistán]

Turquia (f)	Турция	[túrtsija]
Ucrânia (f)	Украйна	[ukrájna]
Uruguai (m)	Уругвай	[urugváj]
Uzbequistão (f)	Узбекистан	[uzbekistán]
Vaticano (m)	Ватикана	[vatikána]
Venezuela (f)	Венецуела	[venetsuéla]
Vietname (m)	Виетнам	[vietnám]
Zanzibar (m)	Занзибар	[zanzibár]